企业绩效考核和薪酬设计实务

李桂芬 编著

化学工业出版社
·北京·

内容简介

《企业绩效考核和薪酬设计实务》按照绩效考核、薪酬设计的基本流程，对工作中可能涉及的每个环节点用图表形式进行详细介绍，步骤、方法、技巧一目了然，重点知识、难点知识、疑难问题重点解读，同时配以案例，以便读者轻松掌握工作技能，胜任本职工作。

《企业绩效考核和薪酬设计实务》共分10章，第1章介绍什么是薪酬体系，并介绍5种不同标准的薪酬体系。第2章介绍绩效考核的基本概念、考核对象、考核程序等内容。第3章～第5章阐述如何做好绩效考核，重点讲述提炼考核指标，并如何量化考核指标及如何选择考核方法。第6章～第8章具体讲述薪酬体系设计、薪酬结构以及福利和奖金设计。第9章分析了企业薪酬设计中常见的问题，并给出解决办法。第10章给出了绩效考核与薪酬设计的常用表格，供读者使用。

本书可供企业人力资源部工作中参考，也可供企业经营者阅读，还可供对薪酬体系设计感兴趣的广大读者阅读。

图书在版编目（CIP）数据

企业绩效考核和薪酬设计实务/李桂芬编著． —北京：化学工业出版社，2021.3
ISBN 978-7-122-38346-4

Ⅰ．①企… Ⅱ．①李… Ⅲ．①企业绩效-企业管理②企业管理-工资管理 Ⅳ．①F272.5②F272.923

中国版本图书馆CIP数据核字（2021）第017518号

责任编辑：高 震 刘 丹　　装帧设计：王晓宇
责任校对：宋 夏

出版发行：化学工业出版社（北京市东城区青年湖南街13号　邮政编码100011）
印　　装：三河市延风印装有限公司
710mm×1000mm 1/16 印张14 1/2 字数243千字
2021年3月北京第1版第1次印刷

购书咨询：010-64518888　　　　　　　　售后服务：010-64518899
网　　址：http://www.cip.com.cn
凡购买本书，如有缺损质量问题，本社销售中心负责调换。

定　　价：59.80元　　　　　　　　　　　　　　版权所有　违者必究

前言

长期以来,绩效考核与薪酬设计一直是困扰很多企业持续且长足发展的两大难题。如有绩效无考核,有考核无绩效,甚至无绩效无考核;薪酬制度制定不合理,体系不完善,无法有效激励员工工作积极性和创造力等。

绩效是企业生产经营的晴雨表,通过绩效可以看出一个企业的经营成果,管理现状及未来发展前景。因此,对绩效进行考核则显得更加重要,考核结果往往是企业制定重大政策、制度的重要依据,尤其是在薪酬制度制定和体系的构建上极具参考价值。从人力资源管理的角度来看,科学的绩效考核与合理的薪酬体系是相辅相成、互相促进的,在企业发展中发挥着极其重要的作用。

本书沿着绩效考核和薪酬体系设计两大主线行文,先是分别阐述,最后汇结一处,总结出绩效考核在薪酬体系设计中的作用。本书共分10章,第1章介绍什么是薪酬体系,薪酬体系在企业中的作用、地位,并介绍5种不同标准的薪酬体系。第2章介绍绩效考核的基本概念、考核对象、考核程序等,并对绩效考核的工作内容做具体介绍。第3章~第5章阐述如何做好绩效考核,重点讲述提炼考核指标,如何量化考核指标及如何选择考核方法。第6章~第8章具体讲述薪酬体系的设计、薪酬结构以及福利和奖金的设计，包括薪酬体系设计原则、方法和步骤，薪酬体系结构的建立和优化，福利和奖金的设计技巧。第9章分析了企业薪酬设计中常见的问题，并给出解决对策。第10章给出了绩效考核、薪酬设计的常用表格。

　　本书定位为入门级指导书，由经验丰富的人力资源管理人员执笔，通过多方搜集资料，结合自身经验编写汇聚而成。既有丰富的理论知识阐述，又有实务操作的介绍，体系完整，实用性强，篇章结构安排合理，内容阐述有理有据、案例指导性强，可帮助广大绩效管理人员、薪酬设计人员解决实际工作中遇到的各种问题和困难。

　　全书摒弃过多的理论，本着实用原则，突出实操，按照绩效考核、薪酬体系设计的两大板块工作，对工作中可能涉及的每个环节、每个细节点都进行了详细介绍，步骤、方法、技巧一目了然，重点知识、难点知识、疑难问题一一剖析解读。同时配以案例、图表，以便读者轻松掌握工作技能，圆满胜任本职工作。

　　由于笔者水平有限，书中不足之处，敬请读者批评指正。

编著者

目录

第1章
"薪"不在高,薪酬体系设计最关键 / 001

- 1.1 什么是薪酬体系? / 002
  - 1.1.1 薪酬管理 / 002
  - 1.1.2 薪酬体系 / 004
- 1.2 好的薪酬体系是留住人才的法宝 / 007
- 1.3 基于不同标准的5种薪酬体系 / 009
  - 1.3.1 基于岗位的薪酬体系 / 010
  - 1.3.2 基于绩效的薪酬体系 / 010
  - 1.3.3 基于技能的薪酬体系 / 011
  - 1.3.4 基于市场的薪酬体系 / 011
  - 1.3.5 基于年功的薪酬体系 / 012

第2章
绩效考核是薪酬体系设计的重要前提 / 013

2.1 薪酬体系设计与绩效考核 / 014

2.2 什么是绩效考核？ / 015

    2.2.1 什么是绩效 / 015

    2.2.2 绩效管理 / 016

    2.2.3 绩效考核 / 016

2.3 考核对象：侧重对人考核还是对事考核？ / 017

    2.3.1 对人的考核 / 018

    2.3.2 对事的考核 / 020

2.4 考核程序：简化程序，多快好省地进行考核 / 021

    2.4.1 制定绩效目标 / 022

    2.4.2 宣传绩效目标 / 025

    2.4.3 审核评估绩效计划 / 027

    2.4.4 形成考核方案 / 031

    2.4.5 设定考核周期 / 034

    2.4.6 展开绩效面谈 / 036

    2.4.7 实施绩效考核 / 038

第3章
正确选择指标，让考核有据可依 / 041

3.1 没有明确的指标，所有的考核都无效 / 042

3.2 分类：常用的4类考核指标 / 043
  3.2.1 组织指标和个人指标 / 043
  3.2.2 静态指标和动态指标 / 044
  3.2.3 业绩指标、能力指标和态度指标 / 045
  3.2.4 定量指标和定性指标 / 046

3.3 做好考核指标的提炼工作 / 049

3.4 提炼指标的前提是职位分析 / 052

3.5 设计考核指标间的不同权重 / 056

3.6 关键考核指标（KPI）的重要性 / 058

第4章
科学量化指标，保证考核精准实施 / 063

4.1 为什么对指标进行量化 / 064

4.2 量化指标的4个标准 / 065

4.3 量化指标的5个原则 / 065

4.4 量化指标的两种表述形式 / 069

4.5 指标量化的呈现方式 / 070
  4.5.1 列举法 / 070
  4.5.2 扣分法 / 071
  4.5.3 加分法 / 072
  4.5.4 比率法 / 072

第5章
对组织和个人进行考核，应运用不同的方法 / 075

5.1 组织绩效考核方法 / 076
5.1.1 目标考核法：以目标为导向进行考核 / 076
5.1.2 平衡计分卡考核法：战略绩效管理工具 / 078
5.1.3 OKR：目标与关键成果法 / 083

5.2 个人绩效考核方法 / 086
5.2.1 行为考核法：根据行为表现进行考核 / 086
5.2.2 特性考核法：建立分组模型，划分等级 / 090
5.2.3 比较考核法：两两比较，局部比较 / 092
5.2.4 360°考核法：对中层考核的重要方法 / 094

第6章
薪酬体系设计：基于绩效的薪酬体系设计实操 / 099

6.1 薪酬体系设计的原则 / 100
6.2 调研：薪酬体系设计的前提工作 / 102
6.2.1 薪酬调研的原则 / 103
6.2.2 薪酬调研的流程 / 103
6.2.3 对调研的资料、数据进行分析 / 105
6.3 步骤：薪酬设计的6个步骤 / 106
6.3.1 工作分析 / 106

6.3.2 职位分析 / 107

6.3.3 岗位评估 / 108

6.3.4 员工能力评估 / 108

6.3.5 结构设计 / 108

6.3.6 薪酬系统实施 / 109

6.4 依据：薪酬设计应符合的6个事实 / 110

第7章
薪酬结构：做好薪酬体系主体框架的构建 / 113

7.1 薪酬结构的构建方法 / 114

    7.1.1 岗位等级法 / 114

    7.1.2 岗位分类法 / 114

    7.1.3 因素比较法 / 115

    7.1.4 点排列法 / 116

7.2 薪酬结构的4个基本要素 / 118

    7.2.1 狭义薪酬的分类 / 119

    7.2.2 广义薪酬的分类 / 119

7.3 各要素组合而成的3种薪酬结构 / 120

7.4 不同薪酬结构下的4种薪酬形式 / 123

7.5 确定薪酬级数与宽幅的技巧 / 126

第8章
福利、奖金设计：薪酬体系中不可忽视的组成部分 / 129

  8.1 福利的地位与作用 / 130

  8.2 福利的两大构成 / 132

  8.3 福利制度：由固定制向弹性制转变 / 133

    8.3.1 弹性福利制度的优势 / 134

    8.3.2 弹性福利制度的类型 / 134

    8.3.3 弹性福利制度的实施步骤 / 136

  8.4 福利方案设计存在的问题 / 137

  8.5 福利方案设计应注意的事项 / 140

  8.6 奖金制度：按劳分配，多劳多得 / 142

    8.6.1 奖金的地位与作用 / 142

    8.6.2 奖金的类型 / 143

  8.7 制定奖金制度需要考虑的问题 / 144

    8.7.1 确定奖励的项目并规定奖励条件 / 144

    8.7.2 确定奖励形式和计奖办法 / 145

    8.7.3 确定奖励总额和奖金标准 / 145

第9章
企业薪酬体系设计常见问题与对策 / 147

  9.1 问题一 付薪理念不明确 / 148

9.2 问题二 与岗位职能、工作性质不匹配 / 148

9.3 问题三 缺乏内部公平性和外部竞争力 / 151

9.4 问题四 处理不好新进员工与老员工的关系 / 153

9.5 问题五 盲目照搬大企业经验，与本企业战略脱节 / 156

9.6 问题六 缺乏透明度 / 157

第10章
企业绩效考核与薪酬设计实用表格 / 161

10.1 绩效考核类表格 / 162

10.1.1 绩效考核实施办法（细则）模板 / 162

10.1.2 绩效考核总结报告模板 / 163

10.1.3 年终绩效奖金分配方案模板 / 166

10.1.4 360°考核方案模板 / 168

10.1.5 360°考核表 / 171

10.1.6 高层以上领导综合考核表 / 177

10.1.7 普通员工考核表 / 178

10.1.8 中层年度工作考核表 / 179

10.1.9 选拔干部候选人评分表 / 180

10.1.10 公司行为考核表 / 181

10.1.11 部门工作综合测量表 / 181

10.1.12 工作内容调查日报表 / 182

10.1.13　职位分析面谈表　/ 183
10.1.14　面谈构成表　/ 186
10.1.15　员工自我鉴定表　/ 188
10.1.16　综合能力考核表　/ 189
10.1.17　员工专项考核表　/ 192
10.1.18　重要任务考评表　/ 193
10.1.19　生产管理指标　/ 194
10.1.20　财务会计指标　/ 195

10.2　薪酬体系设计类　/ 196

10.2.1　职位体系表　/ 196
10.2.2　职位薪酬体系表　/ 197
10.2.3　职位福利体系表　/ 198
10.2.4　薪酬、福利调查表　/ 199
10.2.5　工资、福利市场调查方案设计　/ 200
10.2.6　企业员工工资信息表　/ 201
10.2.7　员工工资职级核定表　/ 202
10.2.8　工作奖金核定表　/ 202
10.2.9　工资结构方案表　/ 203
10.2.10　职级对照和薪资级距表　/ 204
10.2.11　工资发放管理检查表　/ 204
10.2.12　福利政策管理检查表　/ 205
10.2.13　薪资等级构成表　/ 205
10.2.14　工资核算表　/ 208
10.2.15　工资预算表　/ 208

10.2.16　预支工资申请表　/209

10.2.17　工资实发表　/209

10.2.18　工资统计表　/210

10.2.19　薪资调整沟通工具表单　/210

10.2.20　员工加薪、调薪表　/211

10.2.21　工资单补充表　/212

10.2.22　新员工转正调薪表　/213

10.2.23　员工年终奖发放标准　/213

10.2.24　员工奖金合计表　/214

10.2.25　加班工资支付标准　/214

10.2.26　企业自主福利项目开发方案设计表　/215

10.2.27　福利预算表　/215

10.2.28　利润中心奖金分配表　/216

对于一个企业而言，如果高薪还留不住人，那么一定是薪酬体系出了问题。因为薪酬只有处于一个科学、合理、完善的体系中才能发挥应有的作用。好的薪酬体系可充分发挥薪酬的激励和引导作用，为企业的生存和发展提供重要的制度保障。

第 1 章

"薪"不在高，薪酬体系设计最关键

1.1 什么是薪酬体系?

薪酬体系是企业薪酬管理中非常重要的一个环节,薪酬体系设计的好,员工就能获得持续的激励,提高工作积极性;反之,就会让员工心生不满,轻则消极怠工,重则离职,严重影响企业的正常发展。

在学习薪酬体系之前,需要先了解薪酬管理。薪酬管理是企业管理体系中非常重要的组成部分,直接关系着企业管理的成效,影响着企业的整体绩效。好的薪酬管理有助于人力资源部门做好薪酬体系设计、薪酬日常管理等工作;同时对员工潜能的激发,工作热情的提升有很大促进作用。

1.1.1 薪酬管理

那么,什么是薪酬管理?我们又该如何去理解呢?先来看看概念。薪酬管理指在企业发展战略指导下,对员工薪酬支付原则、薪酬策略、薪酬水平、薪酬结构、薪酬构成进行确定、分配和调整的动态管理过程。

薪酬管理是人力资源管理的一部分,涉及内容非常广,流程繁杂。为了便于理解,我们将内容归结成6个方面,如图1-1所示。

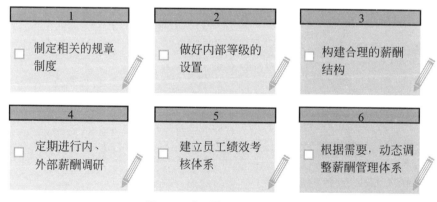

图 1-1 薪酬管理的6个内容

(1)制定相关的规章制度。规章制度是指在一定历史条件下形成,所有人必须共同遵守的法令、礼俗、规范或办事规程、行动准则等。各行业、各企业、各部门、各岗位都有其相应的规章制度,目的就是规范和约束执行人的行为。

同样，薪酬管理也需要相应的制度来规范和约束。常用的薪酬管理制度包括企业薪资政策、薪资发放标准、薪资发放办法和原则、员工工作评价制度和薪资评价制度等，具体如图1-2所示。

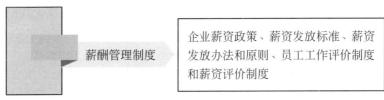

图 1-2　薪酬管理制度

（2）做好内部等级的设置。薪酬通常是有等级的，岗位、工作性质、员工能力不同，薪酬的额度也不同。因此，做好薪酬等级的划分和设置是薪酬管理的主要内容之一，具体如图1-3所示。

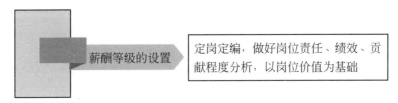

图 1-3　薪酬等级的设置

在薪酬等级的设置上，不同企业有不同的标准。因此，很难一概而论，但无论如何设置都必须遵守一个基准，那就是企业的组织结构，定岗定编；根据岗位不同的责任、贡献程度等做岗位分析，确定内部各岗位价值；以此作为内部薪酬体系的基础，就不会出现岗资不对等的情况。

（3）构建合理的薪酬结构。薪酬结构其实就是指薪酬的构成元素，合理的薪酬结构可确保内部公平性和激励性。薪酬结构主要包括两方面的内容：一个是表示各种工作或岗位之间薪酬水平的比例；另一个是表示不同层次工作之间报酬差异的相对比值，不同层次工作之间报酬差异的绝对水平。具体如图1-4所示。

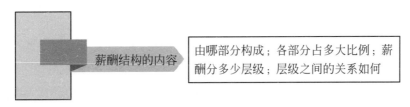

图 1-4　薪酬结构的内容

在设置薪酬结构时应注重两点：一是其制定过程要科学、合理；二是薪酬之间差异是否合理。其设计思路一般有两种：一种是趋于平等的结构；另一种是趋于等级化的结构。

（4）定期进行内、外部调研。薪酬体系建立起来后，应密切关注薪酬日常管理中存在的问题，及时进行外部调研和内部调研，并形成调研报告，为薪酬策略的发展和调整提供依据和信息。

（5）建立员工绩效考核体系。绩效考核体系是薪酬管理体系的重要部分，企业通过建立科学的绩效考核体系，全面评价员工工作表现和工作业绩，将员工表现和薪酬体系结合起来，从而更好地发挥薪酬管理的作用。

（6）根据需要，动态调整薪酬管理体系。薪酬体系实施后，根据企业战略发展状况，企业对薪酬体系进行跟踪和管理，定期进行外部薪酬调查和内部调研，确保薪酬管理能起到激励作用，保障薪酬体系具有内部一致性、外部竞争性、激励性。

必要时通过调整薪酬体系，让企业的薪酬水平更有市场竞争力，让企业更容易招聘到优秀的人才，为企业的发展注入强大的人力资本。

1.1.2　薪酬体系

薪酬管理中最重要的一项工作是薪酬体系设计，构建完善、合理的薪酬体系是做好薪酬管理最重要的工作内容之一。薪酬体系是指薪酬的构成和分配方式，以公司发展为指导，建立合理的薪酬结构和薪酬制度，帮助企业吸引人才、发展人才、激励人才和保护人才，从而最终实现企业的发展目标。

那么，薪酬体系由哪几部分构成？常规意义上的薪酬体系包括4大部分，即基本薪酬、奖金、津贴、福利。

（1）基本薪酬。基本薪酬也叫本薪，这部分薪酬的多少与岗位工资、职位的重要性、工作的难度及责任等因素相关，充分体现职位价值。基本薪酬可进一步细分，具体如图1-5所示。

（2）奖金。有很多HR[❶]搞不清楚，奖金到底属于工资还是福利？其实，严格意义上讲都不是。奖金是一种独立的薪酬形式，是实现按劳分配的一种补充形式，通常是指对劳动者提供的超额劳动所支付的报酬。因此，奖金是整个薪酬体系中不可分割的一部分，完善的薪酬体系必须有有奖金这一项目。

---

❶ HR（Human Resource），人力资源。本书中泛指人力资源管理部门或相关人员。

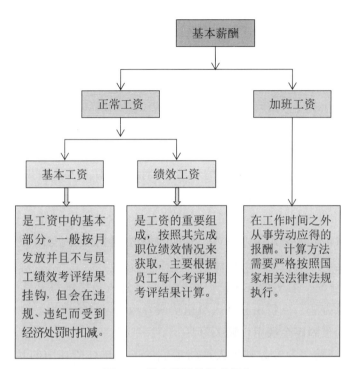

图1-5 基本薪酬的组成部分

奖金的多少往往与工作业绩及企业经济效益有关。工作业绩越好，企业经济效益越好，员工获得的奖金越多。奖金分为绩效奖金和效益奖金，反映员工的工作业绩的部分为绩效奖金，反映公司的经济效益部分为效益奖金。

（3）福利。随着劳动者权益的提高，高福利往往成为劳动者衡量一个企业收入、幸福感的重要指标，纵观有实力的企业恰恰都是高福利的企业。

福利是指除了工资、奖金以外，根据国家、省、市有关规定所应享受的待遇，以及公司为保障与提高员工生活水平而提供的相关措施。福利应是人人都能享受的利益，它能给员工带来归属感。

不完善及缺少整体规划的福利制度，既浪费了资金又没有效果。法定福利包括保险（养老保险、失业保险、医疗保险、工伤保险、生育保险和各种商业保险）、企业年金、住房公积金等。

（4）津贴。津贴是一种特殊的薪酬，目的是对一些特殊工作岗位额外消耗进行补偿。例如，矿山井下津贴、高温津贴、野外矿工津贴、林区津贴、山区津贴等。津贴的常见类型具体如下。

① 国外服务费。这部分津贴仅支付给愿意举家迁往一个新国家工作的人员。该津贴数额一般为基本薪资的一定百分比（通常在10%～15%）。

② 艰苦环境津贴。是附加于原有国外服务费上的另一种服务费。它不仅是基于去海外，还基于去海外什么地方。当驻外人员被派往生活条件简陋、文化差异大且没有较好医疗设施的地方时，艰苦环境津贴的数额大。

③ 生活费津贴。生活费津贴使得驻外人员有能力维持他们的生活水平。当所在国的生活费用高于母国时，才发放生活津贴。

④ 住房津贴。世界许多地方的住房费用很高。如日本东京的大型套间的租金非常高。住房补贴用以补偿驻外人员的住宿较高支出。

⑤ 公用事业补贴。许多公司给予驻外人员一个附加在基本工资上的固定金额补贴以支付他们的公用事业账单，其他的公司会区分国内与国外公用事业账单的差异，并基于此给予不同的补贴额度。

⑥ 家具补贴。第一种方法，一些公司向驻外人员提供将家具运输到国外的费用。第二种方法，支付由驻外人员租赁或者购买家具的费用。第三种方法，是支付给驻外人员固定金额用以购买家具。

⑦ 教育补贴。大多数驻外人员将他们的子女送往所在国的私立学校读书，公司常支付全部的费用。

⑧ 回国探亲补贴。公司通常向驻外人员及其家人提供至少每年一次的回国探亲的往返机票费用。

⑨ 再定位补贴。此项补贴用以弥补其他补贴未能预见的复杂情况所导致的失误，驻外人员为此获得大约一个月的薪水。

⑩ 汽车及雇佣司机补贴。绝大多数公司向驻外人员提供汽车补贴。这使得驻外人员能够在所在国租用、购买一辆轿车。有些公司还向驻外人员支付给雇用一名司机的补贴。

⑪ 俱乐部成员的津贴。在有些国家，驻外人员能进入娱乐设施的唯一途径是加入俱乐部，例如网球场、游泳池、乡村俱乐部。在许多国家的文化中，这些设施也是建立关系和谈生意的重要场所。这种类型的津贴通常是分情况核算。

⑫ 税收。许多公司还补偿驻外人员所付税款超过他们在国内应付税款的差额。

值得注意的是，津贴这类薪酬并不是任何企业都会有，也不是什么职位都会有。但津贴的设置非常重要，设置得不合理，同时也使薪酬失去了其灵活性。津贴分配的唯一依据是劳动所处的环境和条件，而与劳动者的技术业务水平及劳动成果关系不大。

1.2 好的薪酬体系是留住人才的法宝

薪酬管理是基于人力资源战略设立的,而人力资源战略服从于企业发展战略。因此,薪酬管理的目标在整个企业发展战略中扮演着重要的角色,发挥着不可替代的作用。薪酬体系直接服务于员工,好的薪酬体系可以让充分激发员工积极性。

现在越来越多的企业高层和HR充分认识到,设计科学合理的薪酬体系的必要性。

 案例1

某房地产销售公司因薪酬体系不合理,导致企业与部分员工之间的矛盾越来越大。原来,该公司是基于业绩来制定薪酬,销售越多,业绩越大,薪酬越高,这样对销售人员非常有利,但对其他岗位的人员有些不公平,比如文员。销售得越多,文员工作量就越大,因为要办按揭、房地产证等,但工资还是一样的,于是文员就消极怠工。

后来领导改变了薪酬体系,专门给非销售职位员工增加提成,按房地产销售额的比例来提成。新的薪酬体系刚开始执行时效果良好,但随着时间推移又出现问题。文员更愿意办理别墅、大户型的手续,因为提成高。不愿意办理那些小户型的手续。

领导决定修改薪酬制度,按销售套数来给文员做提成,因为事实上每套房手续办理的工作量都是差不多的,这样就公平了,文员做事有了积极性,企业的工作效率也就提高了。

案例2

某企业员工薪酬远远高过市场水平,尤其是业务员,平均年薪50万元左右,但是员工还是不满足,出纳认为业务员工资高,整天想着要转岗去做业务;业务员认为出纳工作不多还领取高工资,而且工作缓慢。于是,公司工作效率低下,但没有员工主动离开,员工离职率极低,人浮于事。这就是典型的高薪低效的体现,根本就在于员工没有意识到收入是来源于自身的贡献和岗位价值,总认为工资是应得的收入。

案例1说明发放薪酬的方式对员工行为的影响很大。所以,我们每一位管理者,每一位企业管理者,而不仅仅是人力资源部的人员,都应学会合理制定薪酬制度,掌握发放薪酬的方式、方法,来有效激励员工。

"重赏之下必有勇夫",这句话确实有一定的道理,但重赏也要区别对待,要考虑不同岗位的贡献价值,要体现重赏的意义和价值所在,否则花了钱也未必能达到相应的效果。

案例2说明薪酬是对员工文化的指引,企业薪酬方式决定着员工的行为方式。有的企业管理者总是说以人为本,对员工不吝于付出,但这样可能也会带来很多问题。

总之,上述两个案例无一例外地说明,制定符合员工需求的薪酬体系是留住人才的首选。薪酬代表着企业和员工之间的利益交换,无论对个人还是对企业,利益都是双向。对于企业而言,良好的薪酬体系是吸引人才、提高工作效率、改善绩效,最终实现企业战略目标的重要手段,如图1-6所示。

图1-6 薪酬体系的作用

对于员工来说,薪酬主要起到保障、激励、稳定以及价值实现功能,是激发工作积极性、创造性,体现自身价值的主要方式。其主要表现在以下4个方面。

1. 保障作用

薪酬是劳动提供者与使用者

达成的一种供求契约,是劳动使用者对提供者付出的一种补偿。在企业中就体现为用人单位对员工基本需求的一种满足和保障,比如,员工基本生活需求、维持健康的需求、学习和知识技能提升需求,以及获得社会地位和尊重的需求等。薪酬的多少对员工本人,及其社会关系的生活状态、生活质量会产生非常大的影响。

2.激励作用

薪酬在满足员工基本需求的同时,另一种功能就是激励作用,企业往往也会通过对薪酬的调节来激励员工的工作行为、工作态度和工作绩效。无数事实证明,调节的幅度与影响的程度成正比,如果员工对自己的薪酬不满意,就可能消极怠工、工作效率低下和忠诚度下降。反之,就更容易积极工作,创造更优良绩效,发挥更大的潜力。

3.稳定作用

合理的薪酬可以增强员工对企业的归属感和忠诚度。因此,薪酬还具有稳定人心的作用,当薪酬能满足员工的期望时,员工就愿意留下来;当薪酬不能使员工满意时,员工就可能产生换工作的想法。

4.价值实现作用

薪酬水平的高低往往代表着员工能力的大小、地位的高低以及在企业中的重要程度,因此,在某种程度上薪酬是对员工价值的体现。

薪酬体系的建立应该兼顾企业利益和个体利益,因为每个行业、每个企业、每个职位的要求不同,其薪酬也应该有所差别。为了体现薪酬的公平性,HR经理在参考行业标准、企业整体利益的同时,必须兼顾个体差异。

1.3 基于不同标准的5种薪酬体系

基于不同的标准,目前有五种主流薪酬体系,分别为基于岗位的薪酬体系、基于绩效的薪酬体系、基于技能的薪酬体系、基于市场的薪酬体系、基于年功的薪酬体系。常见的5种薪酬体系。

1.3.1 基于岗位的薪酬体系

基于岗位的薪酬体系，是以岗位的价值作为支付工资的基础和依据，在岗位价值基础上构建的支付薪酬的方法和依据，即在确定员工的基本工资时，首先要对岗位本身的价值作出客观评价，然后再根据评价结果赋予承担这一岗位工作的人与该岗位价值相当的基本工资。通俗地讲就是在什么岗拿什么钱，对岗不对人，对于员工岗位薪酬更客观、稳定。

（1）优点。与传统的按资历、行政级别付酬模式相比，真正实现了同岗同酬，内部公平性比较强。职位晋升，薪级也晋级，调动了员工努力工作以争取晋升机会的积极性。

（2）缺点。基于岗位的薪酬体系有两大缺点，一个是晋升、收入都难以有很大突破，如果员工工作很出色，但长期得不到晋升，收入难有较大提高，也就影响了工作的积极性。另一个，以岗位为导向的薪酬体系侧重于内部岗位价值的体现，但对外部人才缺乏吸引力。在从市场上选聘比较稀缺的人才时，很可能由于薪酬体系的内向性而无法满足外部人才的薪酬要求。

1.3.2 基于绩效的薪酬体系

基于绩效的薪酬体系是以员工的工作业绩为基础支付工资，支付的唯一根据或主要根据是工作成绩或劳动效率。将员工的绩效同制定的标准相比较以确定其绩效工资的额度，形式有计件（工时）工资制、佣金制、年薪制等。绩效工资制适用于生产工人、管理人员、销售人员等。

（1）优点。员工的收入与工作目标的完成情况直接挂钩，让员工感觉很公平，激励效果明显。员工的工作目标明确，通过层层目标分解，组织战略容易实现。企业不用事先支付过高的人工成本，在整体绩效不好时能够节省人工成本。

（2）缺点。在考虑个人绩效时，会造成部门或者团队内部成员的不良竞争，为取得好的个人绩效，员工可能会减少合作。因此，在需要团队协作制胜时，不应过分强调个人绩效对收入的作用。绩效评估往往很难做到客观准确。

如果企业的绩效考核系统不是很完善，在这种情况下将收入和绩效挂钩，势必造成新的不公平，也就起不到绩效付酬的激励作用。如果绩效付酬对员工的刺激作用大，长期使用后就会产生不良的导向。在企业增长缓慢时，员工拿不到高的报酬，对员工的激励力度下降；在企业困难时，很难做到"共渡难关"，员工可能会选择离职或消极工作。

1.3.3 基于技能的薪酬体系

基于技能的薪酬体系是以员工所具备的能力或技能作为工资支付的根本基础，即以人的能力要素作为工资支付的直接对象。这种模式认为员工获得报酬的差异主要来自人本身能力水平的差异，而非职位等级的高低。通俗的说法，基于技能的薪酬体系就是有好的能力就有好的结果，这种薪酬体系适用于企业中的技术工人、技师、科技研发人员、专业管理者等。

（1）优点。员工注重能力的提升，增加了发展机会。即使将来不在这个企业，员工也会有竞争力。不愿意在行政管理岗位上发展的员工可以在专业领域深入下去，同样获得好的待遇，对企业来说留住了专业技术人才。员工能力的不断提升，使企业能够适应环境的多变，企业的灵活性增强。

（2）缺点。做同样的工作，但由于两个人的技能不同而收入不同，容易造成不公平感。高技能的员工未必有高的产出，即技能工资的假设未必成立，这就要考查员工是否能全力投入工作。界定和评价技能不是容易的事情，管理成本高。员工着眼于提高自身技能，可能会忽视组织的整体需要和当前工作目标的完成。已达技能顶端的人才如何进一步的激励，这也是其缺点之一。

1.3.4 基于市场的薪酬体系

基于市场的薪酬体系是根据市场价格确定企业薪酬水平，根据地区及行业人才市场的薪酬调查结果来确定岗位的具体薪酬水平。至于采取的是高于、等于或低于市场水平，要考虑企业的赢利状况及人力资源策略。市场经济供求关系决定价格的基本规律，也适用于员工的工资模式，人才资源的稀缺程度在很大程度上决定了薪酬的水平。

（1）优点。企业可以通过薪酬策略吸引和留住关键人才。企业也可以通过调整那些替代性强的人才的薪酬水平，从而节省人工成本，提高企业竞争力。

（2）缺点。市场导向的工资制度要求企业有良好的发展能力和赢利水平，否则难以支付和市场接轨的工资水平。员工要非常了解市场薪酬水平，才能认同市场工资体系。因此，这种薪酬体系对薪酬市场数据的客观性提出了很高的要求。同时，对员工的职业化素质也提出了要求。完全按市场付酬，企业内部薪酬差距会很大，会影响组织内部的公平性。

1.3.5 基于年功的薪酬体系

基于年功的薪酬体系是简单而传统的薪酬制度，它是按照员工为企业服务期的长短而支付或增加薪酬的管理制度，往往与终生雇佣制相关联。其基本特点是员工的企业工龄越长，工资越高。

（1）优点。培养员工的忠诚度。员工的安全感强。

（2）缺点。工资刚性太强，弹性太弱，不容易调整。容易形成论资排辈的氛围，不利于有才能的人成长，不利于吸引年轻人，即使进入企业也会因漫长的等待而失去信心。

薪酬体系设计有赖于绩效评估，在完成职位、工作评估，量化职位价值，工作绩效的基础上逐步建立起来。因此，绩效考核往往成了薪酬体系设计的重要前提。如果没有正确、客观的绩效做保证，设计出来的薪酬制度也必然徒有其表，起不到应有的激励作用。

第 2 章

绩效考核是薪酬体系设计的重要前提

2.1 薪酬体系设计与绩效考核

薪酬体系的设计与绩效考核息息相关,薪酬体系的制定需先根据绩效考核结果评估出员工的绩效、对企业的贡献度,而后才能决定如何制定和发放。

案例1

GE公司是美国一家集高科技、现代新媒体和金融服务为一体的综合性企业。GE公司的管理非常先进,也是最先将绩效考核运用于薪酬体系中的企业。在薪酬与绩效挂钩之前,该公司的薪酬制度非常混乱,由于薪酬差距太大,员工与员工之间出现了两极分化,业绩好的飘飘然,虚荣心渐长,业绩差的怨声载道,丧失了工作积极性。

后来,该公司实行了绩效加薪制,即将员工的业绩分为S、A、B、C、D五个档次,并对每个档次进行评分,从S到A依次降低,档次越高,薪酬越高,反之,档次越低,薪酬越低,如表2-1所列。

表 2-1 员工绩效分级与评级示意表

级别	S	A	B	C	D
评分	90分以上	80～89分	70～79分	60～69分	60分以下

每到月末,HR经理会对员工在这个月的实际绩效进行评估,发放基本工资和奖金,年终则对一年的业绩进行评估和发放年度奖金。

与此同时,为了避免员工薪酬再度出现两极分化,GE公司实行了绩效工资浮动制度。即绩效工资在整个薪酬构成中所占的比例,因员工的工作性质、实际绩效差异而不同。比如,管理人员的绩效工资占全月工资的30%,而普通员工则占20%;评级为S级的员工占60%;A级则为50%,B级为45%等。

这样一来,就在企业中形成了"比绩效、比实干"的良好氛围,大大激发了员工的工作积极性和创造性。

从上述案例中看出,将绩效考核与薪酬结合起来,可实现薪酬的公平和公正。例如GE公司,改制之前就不太公平,优秀的员工业务能力、技能经验本就高出一等,再加上政策的倾向,所得报酬会更丰厚;而业绩稍差的或新员工由于各种原因,绩效下降就无法得到满意的薪酬。其实,这并不能说明他们没有努力,相反或许付出了比别人更多的努力,而所得比别人要少。员工之间的差距会越来越大,当自己兢兢业业却最终结果不如意时,就会出现消极怠工,直接影响到企业的利益。

绩效考核不单单看重最终结果,更要重视过程,薪酬要能真正体现出员工的付出。因此,对于HR经理来讲,建立一个公平、合理的薪酬体系势在必行。

2.2 什么是绩效考核?

在了解绩效考核之前,需要先了解两个概念,一个是绩效,另一个是绩效管理,绩效和绩效管理是进行绩效考核的两个前提。

2.2.1 什么是绩效

绩效,"绩"是指业绩、成绩,"效"是指效益、效果。绩效这个词运用范围很广,适用于任何事情,本书重点讲企业绩效,是狭义上的绩效概念。具体是指一个企业、一个组织中个人(群体)在特定时间内,已达成或预计达成的、可描述的、可衡量的工作行为和结果。见图2-1。

简而言之,所谓绩效就是"有成效的业绩",也就是说绩效必须是已实现,或预计在某个时间内可实现的工作行为和结果。绩效必须靠结果来说

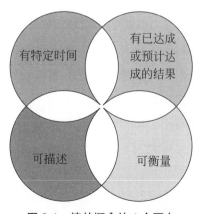

图2-1 绩效概念的4个要点

话、凭空推测、想象，或者理想状态下的目标不能构成绩效。这是我们理解绩效这个概念的核心和关键，绩效的概念。

2.2.2 绩效管理

各级管理者和员工为了达到目标，共同参与绩效计划制订、绩效辅导沟通、绩效考核评价、绩效结果应用、绩效目标提升的持续循环过程，绩效管理的目的是持续提升个人、部门和组织的绩效。

绩效管理通常被看作一个循环，这个循环包括4个环节，即绩效计划、绩效辅导、绩效考核与绩效反馈。

在绩效管理体系中，绩效考核可以被看作是实现绩效管理的具体手段，是对绩效管理过程和结果进行测量的过程。因此，绩效考核被认为是企业绩效管理中的重要环节，深刻影响着企业的绩效。

2.2.3 绩效考核

在对绩效、绩效管理充分了解后，再来理解绩效考核就不会太难了。绩效考核是指，围绕绩效而进行的考察、分析与评估等一系列考核的活动。绩效与考核本是两个完全不同的行为，但在长期的企业管理实践中，形成了一个约定俗成的管理制度和理念。两者相辅相成，缺一不可，如果只有绩效没有考核，所得的任何绩效都无法持久，也无法向更好、更完美发展。

没有考核就没有绩效，或者说绩效很小。猎人在猎狗中引进了考核机制，根据抓到兔子的大小确定奖励骨头的多少，其实这就是一种考核。这与很多企业给员工发工资是一样的道理，采用固定工资制和根据业绩采用浮动工资制，员工的积极性肯定不一样。下面就来了解一下绩效考核的概念。绩效考核是考核者对照工作目标和绩效标准，采用科学的考核方法，对被考核者工作态度、工作完成情况、职责履行程度进行评定，并且将评定结果反馈给被考核者的过程。

对绩效考核的概念也可以利用分拆法去理解，大致可分为5个要点，这些要点缺一不可，共同构成了考核的过程，如图2-2所示。

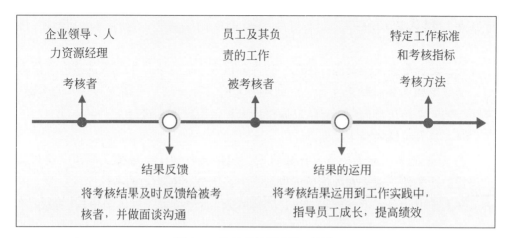

图 2-2 绩效考核概念的 5 要点

2.3 考核对象：侧重对人考核还是对事考核？

很多 HR 经理都有过这样的困惑，考核时是侧重人，还是事？对此，长期以来是智者见智仁者见仁，分歧较大。大部分企业倾向于侧重对事的考核，客观、公正，不受个人情感因素的影响，然而由于忽略了人，导致员工积极性不高，绩效考核的激励性大打折扣。后来有的企业大力提倡以人为本的管理理念，考核也侧重于人，却忽略了事，结果导致考核结果有失公正，考核结果往往无法反映被考核的真实情况。

从绩效考核的概念中可以得知，考核对象，也就是被考核者是整个考核活动中不可缺少的一部分。考核对象从性质上分，分为人和事两部分，人即被考核者本身，事即被考核者的职责所在，或所负责的工作范畴。事实上，人和事两者是不可分割的整体，在对其进行考核时不应该硬性割裂开来。

那么，如何兼顾对人和对事的考核呢？这就需要综合考虑，制定不同的考核标准和考核计划。

2.3.1 对人的考核

人,是企业最大的资源,因此,如何分析人、研究人、挖掘人的潜力十分重要。绩效考核作为激励人斗志、挖掘人潜力的一种举措,必须重视对人的考核。那么,如何考核一个人呢?可从其做事能力和做事态度上进行。

(1)对人考核的两个方面。

① 办事能力。能力的含义比较丰富,包括各种知识、各种技能,以及对某个岗位的适应性,未来在该岗位的发展潜力。因此,对能力的考核比较复杂,需要从多个维度综合入手。一般来讲,具体可分为3个维度,具体如图2-3所示。

能力具备度:被考核者已具有、掌握什么能力和技能

能力发挥度:被考核者在某个职位上的表现如何,是否充分展示了他个人的能力,即我们常说的人岗匹配度

能力潜质度:被考核者是否还具备某种潜在能力的可能性。比如学习能力、转化能力等,是否有更大的上升空间

图2-3 对被考核者能力考核的3个维度

② 做事态度。一个人有能力做好工作,并不代表他就一定能做出好绩效。因为,影响绩效因素除了能力,还需要有端正的工作态度。工作态度体现在是否有工作积极性,是否有敬业精神,是否有职业道德等,没有这些很难做出好的绩效。因此,考核员工绩效时,工作态度的考核不可忽略。

很多企业只片面地对"能力"进行考核,很多管理者也一致认为能力足以反映一个人的绩效。但后来大量事实表明,有的人尽管能力很强,但工作态度很差,造成绩效差,于是就增加了"态度"这一考核维度。

案例2

某员工年销售目标是200万元,但他半年就完成了目标。那么剩下6个月完全有能力做更高的销售业绩。但他觉得一旦超标

完成，明年的指标势必更高。于是工作积极性降低。领导批评他，他态度恶劣，并认为，自己已经把任务完成了。因此，企业在对员工进行考核时有必要增加对"态度"的考核。

（2）对人的考核关键是人岗匹配。很多管理者一直在研究"员工到底是什么样的人""到底适合什么样的职位""在某个岗位上能不能做好"。如果总是被这些问题困扰，说明这个管理者是不合格的，因为他忽略了一个重要的问题：人岗匹配。

所谓的"某个人是什么样的人""某个职位到底是什么样的职位"，割裂地讲是没有任何意义的，只有"人"和"岗位"高度匹配，一个人的能力才有可能充分施展，这项工作才有可能向做好的方向发展。

例如，某个人自己希望成为人力资源方面的专业人才，但是领导希望这个人成为营销方面的专业人才，培养他当区域经理。他的愿望是担任人力资源部经理，但实际工作却是营销方面。那么，这就形成了个人志向、实际工作以及上级意图的"分裂"。这种状况对员工个人来说是非常痛苦的，有时候就会导致跳槽。假如能够"合三为一"，那将是很幸运的一件事。这样，结合企业意愿、个人意愿、当前工作于一体，将工作做好的概率将会大大增加。

因此，作为领导更多地应该考虑人岗匹配问题。换言之，就是看某个员工的能力和某个职位所需要的能力能不能形成交集？有多少成分形成交集？这就提出了"什么样的人能够胜任这个职位"的问题。其实这个问题较之"某个人具备什么样的能力"或许更加重要，即需要非常清晰地了解这个职位需要什么样的人，然后按图索骥，寻找到符合这个职位要求的人。

例如，专业的人力资源管理工作者需要有聪慧的头脑、较强的组织能力，还要有善于学习的能力，以及劳资关系矛盾协调处理能力。面对不同人的问题处理必须学会变通，学会跟别人沟通，讲得别人心悦诚服。还要具有从业所必需的优秀品质，如正直，让别人相信你做事情比较公正，实事求是，客观处理问题等。

在对职位进行客观分析的基础上，再去寻找适合它的人，比如，专业技能、组织能力、沟通能力等。同时，作为领导要充分考虑该员工从事这项工作的动机。

人岗匹配就是按照"岗得其人""人适其岗"的原则，将员工安排在最合适的岗位上，做到"人尽其才"。总之，作为企业要为岗位挑选合适的人；人适合干什么，就尽量安排他到相应的岗位，充分发挥他的才能。

2.3.2 对事的考核

在绩效考核中除要对"人"进行考核,另一个重要的考核对象就是"事"。对"事"的考核是绩效考核中最主要的部分,可以说在整个考核中所占比例甚至比"人"要大。究其原因是因为,"事"代表事实,是摆放在那里的最终结果,具有客观性,而绩效考核是以结果为导向的,不能忽略和抹杀任何一个事实。

> **案例3**
>
> 某企业招聘,前提是此人能够胜任某个职位。但能否胜任,不能只对该人进行考核,还要对应聘的岗位、工作内容进行分析。而岗位分析、工作内容分析则是对"事"考核的主要组成部分。
>
> 在以往,有些企业招聘新人时,可能忽略了对岗位和工作的分析,只是直接上岗试用之后再来判断此人能否胜任。很多时候,这已经为时已晚,因为有些人可能过了很长时间之后才被发现不胜任该工作,可此时早就埋下隐患。

其实,这又涉及人岗匹配问题,人岗匹配是"人"与"事"最佳结合。很多管理者经常会说要"把最合适的人放在最适合他的岗位上",实际上,这是很难做到的。因为人和岗位进行匹配时可能出现多种情形,而要达到"最合适的人放在合适位置上"的匹配概率很小。

我们可以先做个简单的分析,"人"有"重要"和"不重要"之分;"职位"也有"重要"和"不重要"之分,两两自由匹配就出现了4种情形,如图2-4所示。

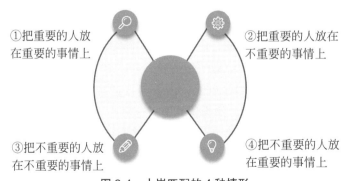

图2-4 人岗匹配的4种情形

通过上述分析，可以发现第一种"把重要的人放在重要岗位上"的这种匹配是最佳配置，第二种、第三种配置都欠妥当，第四种则是要坚决杜绝的。

事实上，在实际员工和岗位匹配过程中很复杂，人不是"重要"和"不重要"那么简单，"事"更不是简单地分"对"与"错"。因此，如果企业真想把合适的人放在合适的岗位上，那必须做好对"人""事"的全面考核。

通过各种测评手段对人进行考核，充其量只能够降低失败的概率，但无法保证用对人，而对事情考核则是唯一的保证。因此，现在越来越多企业开始思考如何做好岗位分析、工作分析，采用什么指标、方法对事进行考核，也一直是每家企业非常关心的问题。

如今，对"事"的考核这部分已经非常完善、科学，主张"注重过程，以结果为导向"的双重考核，精细化运营。也已经拥有了非常成熟的考核技术和工具，具体内容在本书后面的章节逐步展开。

2.4 考核程序：简化程序，多快好省地进行考核

绩效考核是一项体系性很强的工作，它不是单一存在的，因此每次考核都需要考核者根据企业要求、被考核者的具体情况，制订科学、详尽的考核计划，梳理优化每个流程，并在实际考核过程严格执行。

考核流程大致有 7 个，具体如图 2-5 所示。

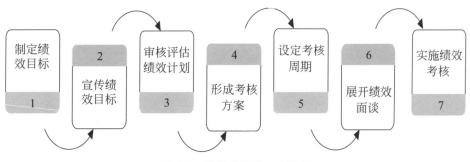

图 2-5 绩效考核的 7 个流程

2.4.1 制定绩效目标

绩效目标是希望通过绩效考核使员工能够实现或达到的工作结果。绩效目标设定得是否合理，直接影响着绩效考核结果。那么，什么样的目标才算得上合理呢？最关键的就是让公司、各部门、大多数员工感到满意。如果能够达到这个效果，那么，此目标设定就是合理的，反之，则视为不合理。

很多企业的绩效考核效果不佳，正是因为绩效目标设定不合理，使得考核无法公平、公正。

案例4

一家企业有20多条生产线，但效率都不是很高，总经理很不满意，要求生产部经理务必想办法提高效率。

生产部经理抱怨自己既没有考核权，又没有奖惩权，员工服从指挥，很难提高效率。总经理认为生产部经理说得有理，于是马上安排人力资源部和生产部一起研究落实考核和奖罚管理办法。

首先，由人力资源部门协调生产部，制定了绩效考核制度；然后，人力资源经理代表总经理和生产部经理协商，定出了一个生产线效率目标；最后，对20多条生产线的效率目标达成状况进行月度考核，并根据奖惩标准实施奖罚。达成目标的生产线奖励2000元，没有达成目标的生产线罚2000元（或者不奖）。

一个月下来，只有少数部门达成目标，拿到了奖金，多数部门被罚或者没拿到奖金。生产部门和员工很不满，要求公司调低考核目标，否则会挫伤员工积极性。在员工群体的压力下，公司调低了目标。

又一个月下来，考核结果出来了，多数部门达成目标并拿到了奖金，员工很高兴，但领导心里不平衡。公司协调生产部经理，适当调高了目标。第三个月考核结果出来了，奖罚大致各半，大家以为这是一个各方可以接受的方案，从此，这家企业就重复着自以为是的"有效"管理，绩效却不见长。

以上案例中绩效考核目标不合理之处在于，绩效目标设定随意，这样的绩效目标注定其对绩效没有太大的激励作用。目标任务完成了，员工会感觉自己的目标定得不算高；完不成，他会归结为目标定得太高。事实上，很多企业在设定绩效目标时实行的就是目标谈判制，每年都要与各部门，或各子公司进行艰难的任务目标谈判，大家的谈判能力对最终任务量的确定有很大影响。

这种确定方式没有起到应有的作用，即使勉强有一定的作用，也是不公平的。不但起不到"鼓励先进，鞭策后进"的作用，反而会适得其反。

（1）从企业战略层层分解绩效目标。很多企业制定绩效目标都是基于"岗位""员工工作"，先根据岗位职责、员工表现制定绩效考核目标，然后再报到领导处进行审核。其实，这是本末倒置的做法，制定绩效目标应该站在整个企业的角度去规划，而不是某些岗位和员工。尤其是在绩效与薪酬、晋升等相关联的情况下，员工也可能会出于自身利益考虑而虚报业绩指标，这难以促进企业整体绩效的提升。

企业战略是企业的远景和总目标，制定绩效目标必须学会从战略入手。绩效目标的制定与企业远景和总目标息息相关，所有的行为都必须服务于这个总目标，并有利于其实现。企业战略是一个自上而下的整体性规划过程，是企业整体经营管理策划中的核心、重点、关键和"指向标"，制定绩效目标应该围绕企业战略进行。

绩效目标正是对企业远景和总目标的层层分解和分阶段实施。因为，企业战略目标的实施需要大量的、具体的工作来一步一步达成，不积跬步无以至千里，再好的战略也必须需要大量的具体工作来达成。

企业战略目标分解一般是按照层级，自上而下逐步划分的。如公司的年度目标，向下分解是部门年度目标、季度目标，再分解则是岗位目标、个人目标。即首先是战略目标的制定，然后将公司战略目标分解到部门，再分解到个人，如图2-6所示。

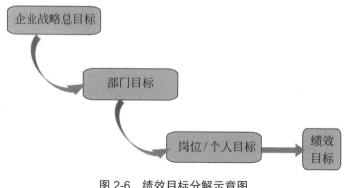

图 2-6 绩效目标分解示意图

企业是由各个职能部门组成的,通过分析企业的战略目标,明确各部门需要承担的使命,根据使命确定部门的绩效目标。然后对部门内部的岗位进行层级划分(一般都可以分为高、中、低三种岗位类型),并针对不同层次岗位的工作职责确定需要完成的目标。

(2)个性化,分级制。在设定目标时要个性化,分级制。个性化,是指每个指标都要有针对性,有具体所指,即绩效得分和绩效目标要能——对应起来。分级制是指要设定目标等级,比如说设定三级目标,每达成一个绩效目标,得多少绩效分数。

在设定绩效目标时,需要结合被考核者的实际情况,进行个性化定制,并对目标进行分级,让目标有三六九等。如常用的三级评价目标,目标一般分为基本目标(100%的达标)、期望目标(至少70%的达标)、挑战目标(10%~20%的达标)3个等级。

① 基本目标。基本目标是"绩效红线",是每个员工都必须达到的目标。低于基本目标的员工是公司需要重点关注的,一个员工如果连续两个或三个季度都未能实现这一目标,公司将视其为不能胜任该职位,将予以辞退。

② 期望目标。统计学上还有一个概念,叫做期望,也就是样本的平均值。这里可以理解为在某一时段,同一职位员工产出的平均数。现在可以把这一目标作为绩效的期望目标,也是企业和部门的业绩在正常情况下应该达到的目标,是与行业平均发展水平相符合的目标,也是至少70%被考核者应达到的目标。

在制定期望目标时,可参考公司的计划和预算、上期本指标实际值、行业指标等。原则上期望目标的设定不能低于计划和预算的规定,同时不能低于上期或者同期的实际水平。

③ 挑战目标。挑战目标是上级对下级的最高期望值，也是被考核人需要付出超常努力，才能达成的目标。一般情况下，在一个企业内部，只有10%～20%的人才能达到挑战目标。挑战目标的设定应该和期望目标相比有明显的增长或改善。在制定此目标时，往往会参考公司标杆或行业标杆。

对于绩效考核而言，正确的、清晰可行的，符合企业战略方向的，符合客观发展规律的绩效目标是取得良好成效的基础和前提。正是很多绩效计划中的绩效目标设定有问题，所以执行起来就会层层消减和淡化，最终完全变样。

2.4.2 宣传绩效目标

有了绩效目标还必须让被考核者充分了解它，制订绩效计划过程中其中一项主要任务就是让被考核者明确考核所要达到的绩效目标。包括企业目标和其自身目标，为的就是让他们了解企业发展纲领、趋势，以及自己的奋斗方向。

宣传绩效目标这点非常重要，因为只有让被考核者对企业目标、自身目标，以及实现目标的途径有了清晰的认识，他们才可能调整自己的方向和行动，以适应企业要求，将个人目标与企业目标结合起来。

案例5

每年9月初到次年8月底是海尔的年度考核周期。每到这个时候，公司根据战略目标设计战略地图，通过会议将战略目标分解至部门，并通过鱼骨图的方式确定部门的KPI指标，制定各部门年度规划识别表。部门通过会议的方式对本部门目标进行再次分解，确定部门内部每位员工的考核指标，即KPI和CPI指标，制定出各岗位的规划识别表。

各部门在接到公司考核目标后，分解到各生产线、各组，以及每个人，以确保公司制定的目标让每个部门，每个人真正明确起来。

在目标的分解过程中，部门负责人也同样会与各分部管理者、骨干员工进行充分的沟通，说明公司面临的市场形势和竞争压力，也充分听取各分部、分厂负责人的意见。在综合多方意见的基础上，将初步下达的指标进行微调，从而制订详细的个人绩效计划。

如为了降低成本、整合资源，常常会将业务基本相同的两个分厂进行合并。比如，三分厂、四分厂目标大致相同，业务流程也基本相同，就会下达指标合二为一，不是两个分厂期待的指标，而是一个达成共识的折中数。

绩效考核目标体系是呈金字塔形的，塔尖是企业的总目标，即企业战略目标，从塔尖到塔底开始分解，分别为部门目标，个人目标，如图2-7所示。自上而下形成的目标链，通常包含多个层次的目标，每一层级目标是基于上一级目标分解出来的，隶属于、服务于上一级目标，在落实过程中，只有下一级目标得以实现，才能保证上一级目标的实现。

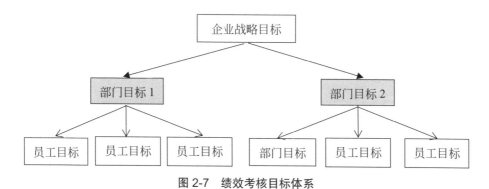

图 2-7　绩效考核目标体系

（1）企业战略目标。首先要让员工了解企业战略目标这个"大目标"，即企业近几年的发展目标、年度目标、经营计划等。一般而言，员工了解的"大目标"信息越多，就越能将个人目标与企业和部门的需要结合起来。

为了让员工获得这种"大目标"信息，可向员工提供以下渠道：

① 每年的总结大会，事业部以及各部门的传达会；

② 高层领导亲自的走访；

③ 文件、通告，企业的内部网以及企业的内部刊物等。

（2）部门目标。对于员工来说，要他们关心的不仅有企业总目标，还必须清楚其所在部门目标与行动计划，这种部门目标是企业总目标的直接分解，也是员工确定个人目标的纲领和指导原则。

（3）个人目标。除了这些与企业有关的目标外，还要员工了解与他个人相关的一些目标。比如，所在职位的工作分析、前一绩效周期的情况反馈。

工作分析用于说明为达成某一工作最理想的绩效所需要的行动要求。从工作分析入手，可以使员工更好地了解自己所在的职位，并把职位与部门的目标和个人的目标联系在一起。在每个绩效周期的开始，进行工作分析并形成职位说明书不是简单的例行公事，而是一件非常有意义的事情。职位要求需要随着新绩效周期的环境和目标的改变而调整，旧的职位说明书很可能已经过时，所以重新思考和定位每个职位，并将信息传递给员工是很有必要的。

同样，上一绩效周期的反馈也是很重要的信息。工作结束后，员工可能并不清楚造成他们绩效高低的原因。因此，管理者必须对高绩效员工给予肯定，同时提出绩效提升的建议；并帮助低绩效员工分析绩效不佳的原因，指出改进绩效的办法，从而使员工不断提高工作绩效。

2.4.3 审核评估绩效计划

制订绩效计划有个非常重要的环节就是审核，无论是企业总绩效计划，还是个人绩效计划，并不是说一制订出来便可马上投入实践，发挥作用。还需要相关部门多方求证、严格审查，使之最大限度地符合客观规律、企业的利益和发展实际。

绩效计划在制订完毕后，必须统一上交到相关部门，由人事处安排专门人员进行审核，即已确认。只有审核人员审核无误后加盖审核印章才能进一步使用。同时，要将审核中发现的问题加以纠正修改。值得注意的是，修改要严格按照审核人员所填写的审核处理意见去做。

当企业制订出来的绩效计划在实施之前，同样需要人力资源部门，或者专门考核小组进行讨论和论证。那么，在审核绩效考核计划时候主要审核哪些方面呢？一般来讲有3个，如图2-8所示。

（1）审核内容。内容是绩效计划的核心，一旦内容出现错误，那么意味着这份计划就没有任何意义。因此，在一份绩效计划制订出来后，首先要对内容进行审核。对内容的审核重点看以下6个方面。

① 考核内容是否属实；
② 考核项目是否完整；
③ 考核指标是否规范；

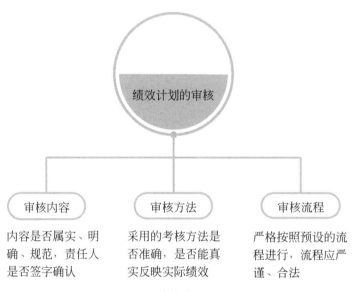

图 2-8 绩效计划的审核

④ 考核标准是否明确；

⑤ 书写报告是否规范；

⑥ 相关责任人是否签字确认；

（2）审核方法。方法不对，努力白费。在对内容进行审核后，接下来要对考核方法进行审核。即所采用的方法能否全面、真实地反映内容。

审核方法有很多种，一般采用"查账调查"和"询问调查取证"，通过查看被考核者的部门、负责人、周边的相关人员，以及以往工作中所形成的文字资料等。通过询问（做调查询问笔录）取到一些证据。

绩效考核方法很多，不同方法考核的重点不同。所以，单纯依靠上述方法无法很好地找出所有问题，正确的做法是根据绩效计划的具体情况，多尝试几种方法，多管齐下。常采用方法有以下4种，具体如图2-9所示。

① 内部考核与外围取证相结合。考核者通过对被考核者有关的外部人员或外部市场进行考核，并以此来获取证据的一种方法。。

② 跟踪考核和阶段考核相结合。跟踪考核是指伴随着计划的贯彻执行，紧跟着对实施情况进行考核，以便及时发现偏差，随时解决；而阶段考核则是指决策实施告一段落时，对这一阶段的结果进行考核，总结经验、教训，并以此改进，二者有机结合，才会做得更好。

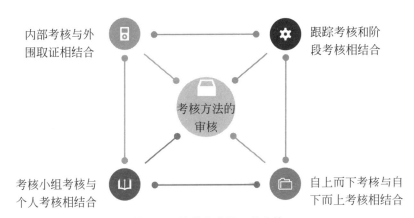

图 2-9　绩效方法的 4 种审核

③ 自上而下考核与自下而上考核相结合。决策目标、计划方案是由企业高层领导决定的，执行则是在基层进行。对于执行计划在什么地方发生问题，以及产生问题的原因，基层组织和广大员工了解得最深刻。因而，考核总结工作必须把由上而下同由下而上结合起来，这可以调动上下两方面的积极性，有利于沟通从上到下的信息输出渠道和从下到上的信息反馈渠道，达到信息的双向交流。

④ 考核小组考核与个人考核相结合。因为考核总结是管理者的一项工作，不亲自参加，就难以对贯彻执行决策的情况有深切了解和亲身感受，当然也就无法充分发挥考核工作的作用。但再能干的管理者也不可能洞察企业的一切错综复杂的情况，更无法靠自己一己之力完成。所以在考核工作过程中，应当充分发挥团队的力量，在亲自参加考核的同时，组建考核小组，小组成员可来自不同部门，各领域的带头人、负责人等。

（3）考核流程。合理的考核流程，有助于考核人员科学、高效、规范地开展考核工作，有利于提升工作效率。然而，这个目标实现的前提是考核流程本身要合理，如果流程本身就不规范，那在其指导下的行为也会偏离事实，那么，再好的计划也只能流于形式，停留在纸面上。

正确的考核流程如图 2-10 所示。

① 确定绩效计划：由各部门制定，分管领导核准；每月 26 日前完成；

② 实施绩效辅导：由部门上级对下级实施考核，并就目标达成实施辅导；当月实施完成；

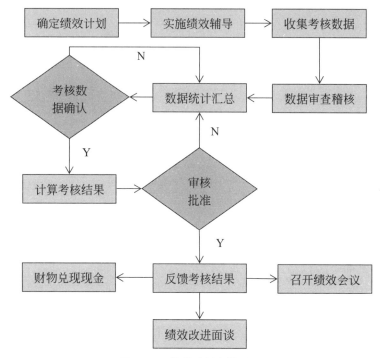

图 2-10 绩效计划考核流程

③ 收集考核数据：由相关部门分别采集提供考核数据；次月 5 日前完成；

④ 数据审查稽核：由数据平台（运营中心负责）对考核数据进行稽核；次月 8 日前完成；

⑤ 数据统计汇总：由绩效专员（人力资源中心）负责统计汇总后，将数据提供给考核部门；次月 9 日前完成；

⑥ 考核数据确认：考核部门对被考核人实施考核、确认和审核，确认无误后签字，返回人力资源中心；若有异议，向绩效专员反馈，由人力资源中心组织生产部门和数据部门核查验证；次月 12 日前完成；

⑦ 计算考核结果：绩效专员依据经确认的数据统计编制考核结果与奖金兑现表，经人力资源中心审核后上报总裁；次月 13 日前完成；

⑧ 审核批准结果：总裁最后批准考核结果；次月 16 日前完成；

⑨ 公布反馈考核结果：最终考核结果由人力资源中心向考核部门公布反馈；次月 17 日前完成；

⑩ 财务部门兑现奖金：由人力资源中心将考核结果与奖金兑现表审核传递给财务部门予以兑现；次月 30 日前完成；

⑪ 召开绩效会议：由各部门（或系统）组织召开月度绩效会议，提出绩效改进方针；次月20日前完成；

⑫ 绩效改进面谈：由各部门考核人负责与被考核人（车间主任）进行绩效沟通面谈，制定具体改进措施；次月25日前完成。

2.4.4 形成考核方案

在经过周密的准备，并且与被考核者进行沟通后，双方再进一步确认已经达成的共识，绩效计划制订基本工作结束。当绩效计划初步形成后，最后一步就是设计绩效合同，签订合同，形成执行方案。

所谓绩效合同，其实就是在考核指标确定以后，由主管与员工共同商定员工的考核周期内的考核指标和行动计划，然后以文字的形式确认。目的是为了使得绩效目标能以书面的形式固定下来，确保企业上下为了设定的目标而努力。同时，考核方案也是绩效考核的基本依据，施行绩效指导方向、考核时的对照标准、绩效面谈的纲要。

考核方案一般包括（但不限于）以下几点，如表2-2所列。

表 2-2　绩效方案的内容

内容类型	内容介绍
受约人信息	即被考评对象的基本信息，包括员工的姓名、职位、所在部门等
发约人信息	发约人常常是由被考评员工的上一级正职（或正职授权的副职）担任
正文内容	主要包括绩效目标、主要工作和任务、岗位职责、考核指标、考评权重、考评标准等，用于衡量被考评员工的重要工作成果，是绩效合同的主要组成部分
考评意见	在绩效考评完成之后，由发约人根据受约人的实际表现填写，用于分析绩效完成的亮点与不足，以达到绩效提升和改进的目的
合同期限	规定绩效合同生效和截止时间，一般而言为一个绩效管理周期
签字确认	绩效合同需要由发约人和受约人双方签字确认后方可生效，因此绩效合同的最后部分要留出相应的空间，以供签字使用
权利和义务	除了以上基本内容，一些绩效合同中还规定了合同双方的权利和义务、奖惩措施、发展计划、绩效改进办法等

在表2-2中显示的诸多要素中，正文内容是重中之重，一份绩效方案是否合理，主要看其正文内容的设置是否合理。绩效计划合同正文内容主要包括5个部分。

（1）明确的、可量化的职责。合同中应该写清楚被考核者的具体职责，有几大类，大类下又有几小类，最好以几个小点来明确表述。

如人力资源部经理的职责：① 基础管理工作；② 员工招聘；③ 员工培训；④ 薪酬管理；⑤ 绩效管理；⑥ 其他与人力资源管理的相关工作等。

基础管理工作又包括：① 详细向员工解释劳动合同条款；② 与劳动者签订劳动合同；③ 将劳动合同进行保管并积极存档；④ 及时办理用工和退工等内容。

（2）清晰的岗位职责。岗位职责当中最重要的是职位，上司、下属、同事横向主要有哪些联系。要界定清楚。作为一个管理者来说，另外一个重要任务是培养下属，这在相关的岗位职责当中要写清楚。

（3）考核目标。考核目标是指给评估者和被评估者提供所需要的评价标准，以便客观讨论、监督、衡量绩效。考核是考核工作的最终所指，任何一项考核都必须有明确的考核目标。

（4）主要工作和任务。主要工作和任务是记下考核的标的，因此需要在绩效计划最后重点体现出来。

案例6

> 某企业的人力资源部2018年的主要工作明确体现在绩效计划中：一是建立企业薪酬管理体系，改进并改善销售人员的分配方案；二是进一步完善十五个关键岗位的KPI指标；三是组织五次相关的培训，主要集中在销售人员方面的培训，对销售人员的技能进行提高；四是对全国十五个办事处的人力资源管理制度进行审查。

（5）注明考核者所必须具备的能力。考核者的能力是实现预期绩效的保证，同时也是后期考核的依据。当被考核者的能力不加以明确时，考核标准就会变得模糊起来。

▶ 案例7

如企业计划从外部引进一位资深的财务经理,担负财务部整体工作。这位财务部经理的工作能否实现预期,最大的风险在于信息的不对称。因此,在对这位财务部经理进行考核时,就需要将其所具备的能力一一列出,以作为日后绩效结果评估的依据。

绩效合同通常有相对固定的格式,但也不能一概而论,取决于企业的绩效管理水平和重视程度,只要适合企业的实际情况即可。表2-3、表2-4提供了常用绩效合同的模板,以供参考。

表 2-3 个人月度绩效合同

岗位：		部门：		姓名：		工号：				
序号	指标类别	指标名称	指标定义	权重	目标值	计算方法	实际完成	评价得分		备注
								得分	上级确认	
1	内部运营									
2										
3										
4										
5										
6										
7										
8	学习与成长									
附加绩效		加分	事实描述							
		减分	事实描述							
绩效评定		总得分								
绩效计划确认		员工签字		考核结果确认				员工签字		
		上级签字						上级签字		

表 2-4　个人季度绩效合同

年　　　季度个人绩效合同									
发约人：				受约人：		签订日期：			
关键考核指标	指标名称	权重	相关要求	目标值			实际完成	评价得分		备注
				T-	T	T+		得分	上级确认	
工作业绩	重点工作									
	日常工作									
	工作品质									
工作态度	1. 敬业负责									
	2. 团队合作									
	3. 积极主动									
	4. 追求品质									

需要说明的是，为了保证计划的时效性，随时补充新的内容使其具有灵活性是十分必要的，也就是说，当情况发生变化时，必须调整或修改整个计划或者其中的一部分内容。

2.4.5　设定考核周期

绩效考核周期也叫做绩效考核期限，通俗地讲，就是指多长时间对员工进行一次绩效考核。从目前的绩效考核周期来看，有月度考核、季度考核、半年考核和年度考核四种基本形式。此外，还有周考、日考等个别形式。对于考核周期的确定，很多企业管理者没有一个明确的定论。

如何界定一个考核周期很重要，周期过短会因为每次都需要耗费一定的人力、物力，而增加企业的管理成本；周期过长，又会降低绩效考核的准确性，不利于员工工作绩效的改进、绩效管理工作的开展。

根据近年来的相关考核理论研究，以及众多的考核成败案例和本人在考核管理中的经验，绩效考核周期不宜过长，应适度缩短考核周期，以月度为宜。

当然，多数企业没有海尔集团的资源优势与管理优势，还难以形成日事日毕的即时考核系统。但集中人力资源将考核周期缩短到月度，是每个企业都能做到的。或许有人要问，如果工作周期超过考核周期（月度），也需要按月度考核吗？答案是肯定的。实际工作中，周期在一个月以上的工作不在少数，如果企业等工作全部完成后再进行考核，这是对绩效考核还缺乏理解，更是对企业不负责任的表现。月度内能够完成的工作，在月末考核时，对各项指标达成情况进行核实就可以了。

设置绩效考核周期有3种方法，分别是累积法、等同法和拆分法，如表2-5所列。

表2-5 绩效考核周期的3种方法

方法	概念	举例
累积法	把若干个业绩周期累积在一个月或者一个季度进行考核	如对司机的考核，一个出车任务短则几十分钟，长则几天，但不能这么短时间就考核一次。我们必须用累积法来考核他，并且选择自然周期的月度、季度来设置考核周期
等同法	业绩周期和考核周期相一致	如北方地区种冬小麦，国庆节前后播种，来年5月份收获，那么对播种小麦的农民而言，一个绩效考核周期就应当是7个月。同理对于种玉米的农民考核周期就是5个月
拆分法	把业绩周期分为若干个有明确节点的阶段，分别进行考核，以便取得阶段性的成果	如一家企业是生产风力发电设备的，研发一种风机就可以分为概念设计、详细设计、样机组装、安装调试、技术改进、大批量生产等几个节点

那么，对于不同部门、不同岗位，究竟如何来设置绩效考核周期呢。这就需要管理者要树立一种分类管控的思想，按照不同的考核目的、各岗位的特点、工作性质，以及指标类型，灵活运用上述三种方法；下面就分别从考核目标，考核职位和考核指标3个影响因素进行阐述。

（1）考核目的。考核周期与考核目的有密不可分的关系。如果考核目的主要是为了奖惩，那么应该将考核周期与奖惩周期保持一致；而如果考核是为了续签聘用协议，那么考核周期最好与企业制定的员工聘用周期一致。

（2）考核职位。职位不同，工作的内容也不同，因此，绩效考核的周期也有所不同。一般来说，职位的工作绩效比较容易考核，职位越高，年薪越高，考核周期越长。大多数公司采取的考核周期如表2-6所列。

表2-6 考核周期

职位 \ 考核	薪资	考核周期
高层管理者、高级技术人员、销售人员	年薪	1年/半年
中层管理者、一般技术人员	月薪	1个季度/半年
一般管理人员、基层生产人员	月薪	1个月

（3）考核指标。绩效考核周期与考核指标类型、指标的性质有关，不同的类型和性质的指标也需要不同的考核周期。一般来说，性质稳定的指标考核周期相对要长一些；相反，考核周期相对就要短一些。

按照指标的性质分，有任务指标和周边指标两大类，任务指标是企业给每位员工设定的明确目标和任务，比如生产指标、销售指标、利润指标等可量化的指标。周边指标相当宽泛，包括人为因素和意志动机因素。

对于任务考核指标，考核周期一般较短，通常为一个月或一个季度。这样做的好处是，在较短的时间内，考核者可经常对被考核者的工作进程、成绩进行随时记录和监督，时间长主观性就会加大；同时，对工作结果及时进行评价和反馈，有利于及时地改进工作，避免将问题积攒在一起形成更大的问题。

对于周边考核指标，则适合于在相对较长的时期内进行考核，例如季度、半年或一年。因为这些指标重在考察人的行为、表现和素质等方面，而这些方面具有一定隐蔽性和不可观察性，需要较长时间考查和必要的推断才能得出结论。因此，时间越长越有利于考核的进行。

2.4.6　展开绩效面谈

绩效计划是一个双向沟通的过程，因此，在绩效计划制订阶段有一项重要工作必须要做，就是与被考核者充分沟通交流，进行绩效面谈。经过充分交流，考核人员与被考核者就在本次绩效期间内的工作目标和计划达成共识。

考核是工作的客观需要，为什么被很多员工认为是影响收入，影响面子的问题，根源就在于沟通不够。在某项考核计划实施之前，没有与被考核人进行充分的沟通，让其真正明白考核的目的和意义。

> **案例8**
>
> 某企业推行绩效考核,并将考核结果与工资直接挂钩。然而,这个规定却令很多员工非常紧张。紧张的原因是害怕自己的成绩不好,影响收入。
>
> 该制度实施后,大部分员工的工作成绩在一段时间内的确得到了提升。但是好景不长,经过半年左右的运作就出现了诸多问题。如,员工找自己的主管争考核分,最后每个班组成员的考核分差别很小,考核分相近;再如,有的员工对考核扣分不以为然,甚至说,"不就是扣分扣几块钱吗,爱扣就扣去。"
>
> 可见,员工的神经已经麻木了,考核根本起不到改进工作和激励的作用。

沟通的内容有很多,因人而异,不能千篇一律,这里只介绍最不可缺少的一些内容,如图2-11所示。

回顾有关信息
在进行绩效沟通时,需要先回顾一下已经准备好的各种信息,包括组织的经营计划信息、员工的工作描述和上一个绩效期间的评估结果等

确定关键考核指标
协助被考核者针对自己的工作目标确定关键考核指标。一定要注意这些关键考核指标必须是具体的、可衡量的,而且应该有时间限制

讨论考核人员提供的帮助
在绩效计划过程中,主管人员还需要了解员工完成计划中可能遇到的困难和障碍,并就其为员工提供可能的帮助

确定下一次沟通时间
在将要结束绩效计划沟通会谈时,双方还要约定下一次沟通的时间。这是一个非常关键的内容,不可忽视

图2-11 绩效沟通主要内容

为了取得良好的沟通效果,在沟通前,还应注意下以下两个细节。

(1)选择一个好的沟通环境。考核人员和被考核者都需要确定一个专门的时间,放下手头工作,专心致志地进行绩效计划的沟通。以免沟通的时候被其他人打扰,影响沟通效果。最关键一点,就是要营造尽可能宽松的沟通气氛,不要给对方太大的压力。

(2)坚持沟通原则。在沟通时考核人员应遵循平等、多听少说的原则。首先,双方在沟通中是一种相对平等的关系,大家是共同为了业务单元的成功而编制计划。其次,应该更多地发挥员工的主动性,更多地听取被考核者的意见。员工自己作决定的成分越多,绩效管理就越容易成功,然后与员工一起作决定,千万不可代替员工作决定。

2.4.7 实施绩效考核

绩效考核作为一项系统性极强的工作,必须建立在科学、合理的流程上,只有流程正确才能高效运作。然而,程序问题对HR经理来讲却又是最不容易把握的,尤其是如果没有一定的经验,往往会令整个考核工作陷入混乱状态。

案例9

浙江某公司是一家集科研、生产、销售于一体的专业生产厂家。该公司的员工工作都很努力,但每到考核时很多人对考核结果仍不满意,直接影响到这些人的工作积极性。

这是因为考核程序出现了问题,以生产车间的考核为例。该公司的业务流程是这样的:公司接到客户的订单后会直接分配给下面的分厂,具体任务全部由分厂自行安排;各分厂又将任务分配给各车间,车间再分配给各生产人员,这样层层下放,每个环节都是相互独立的,上一级只要最终结果。

而对一线员工业绩的考核,则是根据业务流程进行的。即由最高层下达指标,直接考核。由于主管考核的部门和人员缺乏对一线情况的了解,这样就很容易出现考核者与被考核者的脱节,结果考核后员工甚至搞不清楚问题究竟出在哪个环节。

问题出现后，该公司改变了考核程序，即把整个生产流程分割成一个个单独的小工序，每道工序由主管部门直接考核，最后统一上报考核结果。HR经理分析和汇总各部门上报的考核结果，并找出问题。

　　改进之后，效果立竿见影，员工的积极性不但提升了，还使目标的达成率达到了90%。为什么之前的完成效果很差呢？因为车间五道工序中的任何一道出了问题，都影响一个订单的最终完成。而采取分段控制则可以避免某一工序对整个工序的影响。

　　由此可见，时间越短，控制越好。单位划小，控制更好。要想控制好，就必须优化考核流程，最好控制在一个比较小的范围之内。考核没效果，不到位，一切都是流程出了问题，实现高效考核的前提就是要有一个科学合理、简单高效、目标明确、衔接顺畅的流程。那么，绩效考核一般有哪些流程呢？基本上有两种：横向和纵向。

　　（1）横向考核。横向考核，是指按绩效考核工作的先后顺序进行的过程，这一过程主要包括绩效界定、绩效衡量、绩效分析与评定和绩效反馈4个环节。

　　接下来分别对这几个环节一一解释：

　　① 绩效界定。绩效界定即是确定待考核的项目，并对该项目进一步加以明确。比如，对某岗位进行考核，就需要明确该岗位的职责、主要任务、特征以及特殊要求，或者对该职位的员工有什么期望，需要展现哪些态度、能力和行为等。

　　② 绩效衡量。这一环节是对被考核者的绩效进行考评和衡量的过程，检验被考核者的实际绩效与预期绩效的差距。值得注意的是，在此环节HR经理要事先确定合适的考核人员，必要时对考核人员进行培训，以最大限度地避免考核的主观性和随意性。

　　③ 绩效分析与评定。即对考核结果进行分析与评定，分析和评定的方式是将考核记录与既定标准进行对比，通过对比和分析得出最终结果。

　　④ 绩效反馈。被考核者有权了解考核的结果，并对结果提出意见和建议，被考核者向绩效考核主管部门，或人员进行反馈的过程，被称之为绩效反馈。绩效反馈可提高被考核者对绩效结果的接受程度和满意度，增强被考核者改进的意

愿和主动性。

（2）纵向程序。纵向程序，是指按企业层次逐级考核的过程。一般而言是由下而上的顺序，先对基层进行考核，再对中层考核，最后对高层考核，如图2-12所示。

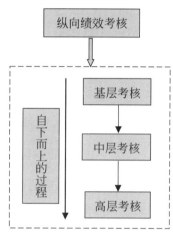

图 2-12　纵向绩效考核流程示意图

① 基层、中层考核。纵向程序往往是以基层为起点，由基层部门管理人员对其直属下级进行考核。而中层是企业的中坚力量，起着承上启下的重要作用，因此对中层的考核也是考核的重中之重。待对基层考核之后，就要上升到对中层的考核，内容包括中层管理人员能力、品行、工作行为，还有更重要的一点是对部门业绩的考核。

② 高层考核。最后是对高层的考核，这层考核主要针对企业高层领导、主要的部门负责人和董事会成员。对公司最高层次进行考核，考核的主要内容是领导能力、计划能力、预见能力，以及经营效果方面的。看能否从战略高度把握企业的发展方向，能否用科学的方式去管理、做决策。

对高层管理人员业绩的考核也是非常重要的一个方面。即哪些可量化的目标达成指标，比如，对股东负有直接责任的财务指标，涉及股东回报率、资产回报率、销售增长率以及产值、利润、成本等指标。

虽然企业的性质不同，经营策略不同，以及考核指标不同，但有一点是相同的，就是考核的程序，只要涉及绩效考核这一管理活动，就必须按照上述两种程序进行，或二选一，或两种并用，通常来讲，两者并用的效果比较好。

第 3 章

正确选择指标，让考核有据可依

指标是考核标准的具体体现，一项考核如何得出真实的结果，必须依赖于相应的指标。只有有了指标，结果才能符合客观事实。考核指标有很多，不同的考核项目，针对不同的被考核者，需使用不同的指标。因此，在开展绩效考核时必须先确定考核指标，选择最能反映被考核者实际情况的指标。

3.1 没有明确的指标,所有的考核都无效

我们都知道,评价一位员工是否优秀,优秀到什么程度,主要靠绩效考核,而绩效考核如何来体现这些呢?那就是一个个具体的指标。

比如,考核一个部门,需求对其各个方面做出综合评价,而评价时必须结合具体的指标。比如,考核部门近半年的经营状况,可以通过新产品市场占有率、市场规模、客户对产品的满意度、客户问题反馈等指标进行。

考核离不开指标,以及指标体系。那么,什么是考核指标呢?所谓考核指标就是考核者评价被考核者工作绩效、工作能力、品行和态度的一种衡量标准。管理学上给出的定义是,按照一定的标准,科学的方法,对员工品行、工作能力、态度和结果进行综合评定和衡量的标准。

完整的效绩考核离不开指标,它是进行绩效考核的基本标准,是绩效考核取得成功的保证,没有指标,就无从知道被考核者的现状,更无法对绩效进行评价和反馈。因此,确定考核指标成为建立绩效考核体系非常重要的环节。

案例1

可口可乐(中国)有限公司销售的产品较多,员工职责各异。所以,对员工评价存在一定难度。但是,公司对员工的考核还是有章可循的,毕竟关键指标是相同的。

可口可乐(中国)有限公司实行的是KPI(关键指标)考核制度。由于这种绩效考核方式能激励员工,使其以更忠诚的态度进行更努力地工作,并能获得更好的成绩,因而通过KPI考核制度,可口可乐(中国)有限公司已经创造了引人注目的管理绩效和经济绩效。

每位员工每天的工作进程、每位客户的拜访、每件产品的销售、每个促销活动的执行、每天的销售业绩、每月的市场开发状

况、每位客户的账款等均被主管时时刻刻跟踪,并且被明确为每天的责任,同时可用量化的指标来考核和跟踪员工工作,这时产生的工作效果是非常显著。

总之,对于一个企业来讲,完善的效绩管理离不开考核指标,它是进行绩效评价的基本要求,是绩效评价取得成功的保证,因此也是整个绩效考核工作的重要环节。

3.2 分类:常用的4类考核指标

考核指标有多种,按照不同的分类标准称呼也不一样。为了更好地便于考核人员设计、运用指标,接下来需要详细了解考核指标的4个标准,以及划分标准。

3.2.1 组织指标和个人指标

组织指标、个人指标是根据考核视角的不同进行分类的。所有的考核都可以从组合和个人两个视角去考核,而组织指标又可分为组织指标和组织负责人指标。

(1)组织指标。组织指标是用于对企业、事业单位以及带有企业性质的团体的考核的指标。组织按照性质分有3大类,可分别为营利性组织、政府部门、非营利性组织。其中我们重点介绍营利性组织。

营利性组织就是我们常说的企业,在这3类组织考核中,对企业的考核是最成熟、最完善的,包括理论、制度、体系。本书重点内容也是对企业及其员工的考核,不涉及政府部门、非营利性组织的考核。

对企业考核主要是对企业盈利情况的评价,利润是企业生存和发展的根本,衡量一个企业的成长性主要看其营利能力。企业利润考核应用的是会计学原理,会计学的出现就是为了评价企业业绩。在很多针对企业的考核指标中,财务指标是非常重要的一项。如平衡计分卡考核,四个维度中的第一个维度就是"财务指标"，而平衡计分卡的创始人之一卡普兰本人就是哈佛大学的会计学教授。

企业考核主要从两个维度展开：第一个维度是对组织本身业绩的考核；第二个维度是对组织负责人的考核。

在一个企业里，企业业绩不能等同于负责人的业绩，如有的时候企业业绩很好，但并不等同于该企业总经理水平就很高。因此，在设置考核指标时还需要分别进行，搞清该指标是针对企业行为，还是针对负责人。

（2）个人指标。对个人的考核用个人指标，主要是对人的能力和做事情的过程、结果进行考核。这部分在本书后面的很多内容中将有所体现。

特别要说明的是，这里讲到的对个人的考核主要是指企业基层员工，不包括管理层。较之对企业的考核，对个人的考核更难，这也是很多企业考核人员的工作重心。

因为企业绩效无法很好体现个人绩效。就像一个班级，假如这个班级很优秀，所有毕业生都考上名牌大学，但并不见得每个学生门门科目都是优秀的。对个人考核的要求是非常全面、细化的，不仅要考虑整个班级的整体成绩、个人总成绩，还包括每门科目的成绩。所以，对个人的考核是所有考核中最难考核的，指标也是最多的，因人而异。

3.2.2 静态指标和动态指标

静态指标与动态指标是根据指标的形态来划分的。静态指标包括分段式指标、评语式指标、量表式指标等形式。动态指标包括行为特征指标、目标管理指标、情景评价指标和工作模拟指标。

（1）静态指标

① 分段式指标，是将每个要素（评价因子）分为若干个等级，然后对分配给各个要素的分数赋予权重，划分为相应的等级，再将每个等级的分值分成若干个小档（幅度）。

② 评语式指标，是运用文字描述每个要素的不同等级。这是运用最广泛的一种。

③ 量表式指标，是利用刻度量表的形式，直观地划分等级，在评价了每个要素之后，就可以在量表上形成一条曲线。

（2）动态指标

① 行为特征指标，就是通过观察分析，选择一种关键行为作为评价的指标。

② 目标管理指标，是以目标管理为基础的评价指标，目标管理是一种以绩效为目标、以开发能力为重点的评价方法，目标管理评价准则是把它们具体化和规范化。

③ 情景评价指标，是对领导人员进行评价的指标，即从领导者与被领导者和环境的相互关系出发来设计问卷调查表，由下级对上级进行评价，然后按一定的指标转化为分数。

④ 工作模拟指标，是通过操作表演、文字处理和角色扮演等工作模拟，将测试行为同指标行为进行比较，从而作出评定。

3.2.3 业绩指标、能力指标和态度指标

业绩指标、能力指标和态度指标是根据考核内容划分的。

（1）业绩指标。业绩是指工作行为产生的后果，这类指标是对所产生后果的一类评价指标，比如，完成的数量指标、质量指标、利润值、产量值、有效率等等。每个指标都与企业的重要目标值相关，可能是关键期工作职责或一个阶段性的项目，也可能是年度综合业绩。评价结果直接反映了绩效管理的最终目的——提高企业业绩，实现既定目标。

（2）能力指标。能力指标通常包括人际交往能力、影响力、领导能力。如果再细分的话，人际交往能力又包括关系的建立、团队合作、解决矛盾的能力，具体如表3-1所列。

表 3-1　能力指标

能力指标		
人际交往指标	影响力指标	领导力指标
关系的建立	沟通力	管理
团队合作	说服力	评估
协调能力	应变能力	反馈
解决矛盾的能力	言行影响力	授权

（3）态度指标。我们经常看到这样的现象：一个工作能力出众的人没有得到较高的工作绩效，而一个能力平平、兢兢业业的人得到的评价却很高。这就是

工作态度产生的评价结果。工作态度指标就是专门针对员工在工作中表现出的激情、态度而进行评价的一类指标。通常包括积极性、责任性、纪律性等等，这也在一定程度上说明了绩效评价的公平性，如表3-2所列。

表 3-2 考核的具体项目

指标		考核具体项目	每项分数	实际得分	备注
态度考核指标	积极性	积极学习行业知识、掌握工作技能			
		对工作的抵触程度如何			
	协作性	是否能主动协助上级，帮助同事			
		能否与同事保持良好的合作关系			
	责任性	对工作失误、造成损失的态度			
		对工作的态度、能否负责任地完成			
	纪律性	是否按时上下班			
		请假、串岗、离岗等情况			
		是否经常在上班时间说笑打闹			

3.2.4 定量指标和定性指标

根据指标的表现形式，分为定量指标和定性指标两种，这是绩效考核中最常提到的两类指标，必须重点学习，彻底搞懂。

（1）定量指标。定量指标是可以准确数量定义，精确衡量并能设定绩效目标的考核指标。定量指标分为绝对量指标和相对量指标两种，绝对量指标如销售收入，相对量指标如销售收入增长率。

定量指标最大的特点是以统计数据为基础，将统计数据作为考核目标的主要评价依据。在定量评价指标体系中，各指标的评价基准值是衡量该项指标是否符合生产基本要求的评价基准。因此，设计定量指标时必须有一定标准，有明确的衡量尺度。

具体来说，可以从数量、质量、成本、时间等角度进行衡量。以生产某一产品为例，如果从以上4个维度制定量化指标的话，可制定产量、次数、频率、准确性、满意度、通过率等很多指标，具体如图3-1所示。

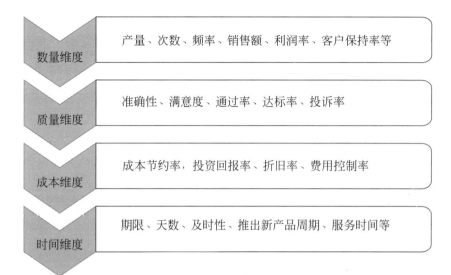

图 3-1 绩效目标衡量的四个维度

定量指标优缺点都十分明显。接下来,就来了解一下这种硬指标的优点和缺点,以做到扬长避短。

① 优点。由于这种指标是以数学模型和统计数据为基础的,因此可靠性较高,很少受考核人主观意愿影响,无论谁去考核、什么时候考核,结果都不会有太大出入。

同时,因大量数据、公式是相对固定的,可利用计算机和相关软件进行运算。因此,运用起来更便捷,效率更高。

② 缺点。对数据的采集和分析难度较大。如果考核人员技术较弱,或采集的数据不充分、不可靠,将直接影响到考核结果。再加上,难以在考核中发挥考核人的主观判断,致使某些考核过程过于死板,不灵活。

(2)定性指标。定性指标是在根据考核者的经验、主观判断,以及所掌握的信息进行整合分析后,而得出考核结果的一种指标。这是一种软指标。

软指标与硬指标正好相对,通常是指在科学调查取证的基础上,通过人的主观判断、分析、评估而得出评价结果的一种方式。也就是说,对被考核者主要靠评价者主观判断和分析,如很好、好、一般等。

运用这种方式,要求考核者对被考核有充分的了解,包括所从事的工作、工作的过程。在尊重客观事实的基础上。根据大量数据资料、知识和经验,充分发挥人的主观能动性,看到事物的本质,做出准确的评价。

定性考核的主要内容如图3-2所示。

图 3-2　定性考核的六项内容

定性考核方法一般多以公开述职和民主评议的方式进行。在述职和评议中,也可以采用表格的方式进行打分。

企业在不同类型岗位定性指标梳理、分类的基础上,将定性指标分成 5 个阶梯,降低了定性指标评价的评分难度,指标评分参照表如表 3-3 所列。

表 3-3　指标评分参照表

计划性指标评分参照表		
评分阶梯	分值	对应含义
很好	96—100	计划周密,完全符合工作需求
较好	90—95	工作有计划,基本符合工作需求
一般	80—89	工作有计划,但不完整,有缺项
较差	60—79	工作有计划,但计划质量较差
很差	0—59	工作没有计划
流程符合性指标评分参照表		
评分阶梯	分值	对应含义
很好	96—100	能完全按规定流程开展工作
较好	90—95	绝大多数都能按规定的流程开展工作
一般	80—89	有时不能按规定的流程开展工作
较差	60—79	经常不能按规定的流程开展工作
很差	0—59	基本上不按规定的流程开展工作

续表

执行性指标评分参照表		
评分阶梯	分值	对应含义
很好	96—100	能完全按相关要求或计划执行到位
较好	90—95	绝大多数都能按相关要求或计划执行
一般	80—89	有时不按相关要求或计划执行
较差	60—79	经常不按相关要求或计划执行，或执行不到位
很差	0—59	不按相关要求或计划执行，或执行完全不到位
服务态度类指标评分参照表		
评分阶梯	分值	对应含义
很好	96—100	主动服务，服务态度让客户愉悦
较好	90—95	服务态度让客户满意
一般	80—89	服务态度让客户基本满意
较差	60—79	服务态度不能让客户满意
很差	0—59	服务态度很差

这类指标优势在于可以充分发挥人的智慧和经验，不完全受统计数据的限制。毕竟，很多东西是无法用数据完全体现出来的，对被考核者更加公平、公正。同时，其局限性也很明显，即当评价所需要的资料不充分、不可靠或指标难以量化时，软性指标所能做出的有效判断就十分有限。因此，仅仅通过软指标对评价结果进行统计分析也是不可能的。

3.3 做好考核指标的提炼工作

指标类型很多，但在某一项考核中并不可以随便运用，或者一股脑地全部用上。而是要选择最符合绩效目的的、最能体现考核项目特点的指标，这也是绩效考核的难点。因此，在运用之前，需要结合所在部门或人，认真鉴别，抓住最关键的事情，提炼出最最符合实际情况的指标。

例如，接待员倒茶水这项工作，每天都要重复多次，早上给大家打一遍开水,下午又给大家打一遍开水,水喝得多,还要不断地给人添水。她的工作有可能一天重复很多次,但在考核时需要对每次打水都进行考核吗?显然不用。因为这项工作重复性很强,工作的价值相对就低,做同样的工作价值比较低的,一般来说只抓其中最重要的事情。习惯上,我们把最关键的这几件事称为关键事件。

绩效考核一定要放在关键绩效上,考核工作一定要围绕关键绩效展开,才能取到较好的效果。毕竟很多工作都是重复的,因此,在绩效考核上有了一个非常重要的考核法:关键考核指标法。

案例2

2012年,中国天然气股份有限公司业绩出现下滑。这个结论是依据一份财务报表,及对相关指标的分析。

对报表进行分析,公司2011年初资产总额为7500万元,净利润为800万元,所得税为375万元,财务费用为480万元,年末资产总额为8400万元;2012年净利润为680万元,所得税为320万元,财务费用为550万元,年末资产总额为10000万元。

则公司总资产报酬率如下:

2011年总资产报酬率=(800+375+480)/[(7500+8400)/2]×100%=20.82%

2012年总资产报酬率=(680+320+550)/[(8400+10000)/2]×100%=16.85%

由计算结果可以知道,中国天然气股份公司2012年总资产报酬率要大大低于2011年。

在这种情况下,中国天然气股份公司需要对公司资产的使用情况、增产节约情况,结合成本效益指标一起分析,以改进管理,才能提高资产利用效率和企业经营管理水平,增强企业营利能力。

从以上案例可以看出,考核指标选择的重要性。衡量企业盈利状况的指标有很多,但中国天然气公司唯独选择了财务指标。这就是因为这个指标能充分、明显体现企业的盈利状况。不仅可以评价企业以前的盈利情况,还可以预测未来的盈利空间，全面反映企业的经营效率，反映企业的盈利水平。

指标选择的对与否，大大影响着考核的效果。因此，想要准确考核某个项目就必须找出这个项目的关键指标来。那么，下面就来谈谈如何选择关键指标。

（1）最能体现企业战略目标。关键指标，是根据公司的战略及业务计划、流程、部门职责、职位工作职责的要求，为被考核者制定可衡量的、能够量化的、具有代表性的关键考核指标。提炼关键考核指标，由各级经理根据企业战略目标、本部门目标，以及与关键职位的骨干员工充分沟通、研究决定。因此最能体现企业利益。

（2）根据考核总目标选择。指标是以需求为前提的，因此，一切指标都必须服务于考核项目的需求，只有符合需求的指标才能被使用。反之，那些不符合需要的则被摈弃。那么，以什么标准来检验是否符合需求呢？这就需要每个考核项目都要有明确的绩效目标。

如某部门全年工作目标是完成1000万元的项目，而去年最高额度才800万元，这就意味着今年至少要超额完成200万元才能达到目标。那么，该如何选择考核指标呢？需不需要对这200万元项目的完成情况进行单独考核呢？答案是否定的，而是要围绕衡量总目标指标进行。因此在选择指标时，原则只有一个，如何来完成1000万元的项目。

（3）根据岗位的特点选择。不同部门、不同岗位，承担的任务不同，对企业的作用也不同，在选择考核指标时也应有所侧重。即根据部门、岗位的性质、特点进行。比如，销售部选择考核指标可侧重于销售额、回款率、回款速度等；而工程部选择的指标则可集中在工程的完成质量、合格率上，以及安全事故的控制率上等。

（4）根据其他考核需求选择。有的企业在选择指标时盲目追求数量而非质量，求全而无重点，面面俱到。这样看似公平，实则不是，花大精力设计和选择出来的指标，实施后对企业的效益并没有预期的那么好。如果投入的成本远大于带来的收益，这就是亏损，如果大家都在做亏损工作，企业的效益就不会好。

相比而言，选择指标善于抓重点，将更多的关注放在重要工作的考核上，按2/8原则，企业里20%的人创造80%的利润，20%的工作提供80%的价值。比如，一个房地产公司某项目需要赶工期，对其工程部的考核可以这样进行，重点考核工期的完成时间和质量，这两项的考核至少要占到70%以上。至于成本、安全性以及其他则可以考核，也可以不考核，如表3-4所列。

表 3-4 根据考核需求选择指标类型

工期	40%（在质量合格的前提下计算工期、已体现基本质量要求）
质量	30%（在保证质量合格、不超成本的前提下做出更好的质量）
成本控制	15%（配合预结算部门一起控制成本）
安全	10%
其他	5%

指标的选择直接关系着考核结果的公正性和合理性。因此，在选择指标时需要对其进行综合考量，既要考虑指标自身的问题，也要结合考核项目的具体情况。指标没有什么好坏优劣，只有合适与不合适之分。

（5）识别影响战略目标的关键因素。企业所拥有的资源有限，一个人的精力也是有限的，有限的资源、有限的精力只能投入到有限的关键点上，对于低价值或无价值的投入我们不能去做，对于低价值或无价值的工作我们更不必考核。这就要求，在设置绩效考核指标时要抓住关键问题，抓住企业价值流中的关键，避免眉毛胡子一把抓。

比如，a目标和b目标体现了不同企业发展的目标差异。a目标体现了企业重视财务的思路，b目标则体现了企业对财务和客户的同等重视程度。一般来说，企业的资源越有限，越应该集中于某一个或者某两个目标；企业的发展阶段不同，指标的权重分配也有所不同，因此权重的设定要定期进行调整。

3.4 提炼指标的前提是职位分析

提炼考核指标，首先需要对被考核者的职位进行分析，其次通过各种方法分析被考核者职位的职责、工作内容、工作标准和所取得的成果。职位职责分析是设定关键考核指标、制订员工绩效计划的基础。

绩效考核必须基于岗位分析展开。而在绩效考核实践中，考核者常常犯这样的错误：对职位职责不加分析，无论什么样的职位，什么样的工作性质，都习惯采用一种或几种固定的衡量标准进行考核。结果往往是由于衡量标准与考核内容不对应，绩效考核会出现较大的偏差。

职位界定不清，权利划分不明，是导致考核无法起到应有作用的主要原因。

某企业发展很快，规模不断扩大，业务持续增长。为了进一步激励员工。公司高层决定引进绩效管理，通过人力资源部的全力助推，绩效管理小组终于成立，并引进了其他企业先进的绩效考核机制。

具体考核如下：月初由员工作该月的工作计划，并经上级确认，月末进行自评，然后再由上级进行评分，最后汇总到人力资源部，由绩效管理小组制定各等级的评定标准。根据自评与上级评分进行等级划分，共包括"A、B、C、D"4个等级。

A级员工将获得工资的10%作为奖金，B级、C级员工不奖不罚，D级员工将扣除工资的5%作为惩罚。

该考核制度实施后，各部门员工对绩效考核结果十分关注，人人争当A级员工，员工工作的积极性越来越高，工作也能高质高效地完成。

通过一年的推行，这种考核机制在公司逐步得到巩固，同时弊端也逐渐暴露出来。一些员工月初做绩效计划时脱离了实际，时常将表单写得满满的，不为完成只希望领导看到自己没有功劳也有"苦劳"，能打个高分。这样一来，考核过程中免不了人情分。而绩效管理小组由于工作量比较大，在进行最终的考核时也不再那么严格地执行绩效评定标准。

久而久之，这种考核只能流于形式，失去了应有的作用。

上述案例中哪个环节出了问题？明白人一眼就能看出，该公司过于注重对人的考核，而完全忽略了"工作"本身。科学合理的绩效管理需要基于工作，建立在职位职责分析的基础上。否则，就像例子中所说的，会直接导致考核标准成为摆设，流于形式，对实际工作无法起到任何作用。

被考核部门或人员，各方都承担着各自的职责，企业在实施绩效考核之前需要先对他们的岗位职责进行分析，界定他们的工作内容、任务和职责，并对被考核人的任职资格、权利权限等有详细的了解，只有在明确职位职责的基础上才可以得出更符合客观实际的考核结果。

那么，什么是职位分析？具体如图3-3所示。

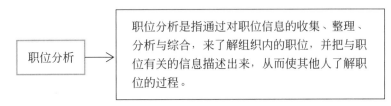

图3-3　职位分析详解

做好职位分析可以提高企业的整体绩效，因此，在绩效考核之前，必须对被考核部门，或个人所在职位进行详细分析。职位分析的关键点有4个，如图3-4所示。

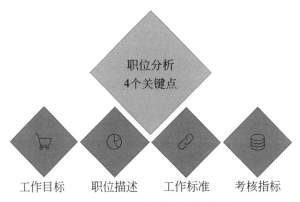

图3-4　职位分析的4个关键点

（1）制定工作目标。所谓目标就是通过考核想要达到的结果，这也是所有考核中唯一一个不可或缺的因素，任何考核都需要考虑它的目标是什么。

（2）准确职位描述。职位描述是对某个职位具体职责的阐述，如工作的性质、任务、难易程度等。一般而言，每个职位有多项职责，且难易程度不同，难易程度多与这个职位所承担任务的多样性成正比。由于考核主要是针对职位的关键职责展开的，因此，职位描述中一定要重点体现职位的关键职责。

（3）明确工作标准。"工作标准"与"工作目标"一样，是职位分析中最不可缺少的两项内容，标准的最高要求就是目标，而剩下的工作就是确定及格标准，几个标准决定了考核的难易程度，如果及格线上升，那么就意味着及格的人数减少，及格线下降，就意味着及格的人数增加。

关键的工作确定以后，一定要对每一项工作提出一个标准。任何一项工作都要有好、中、差这三大标准，要用书面语言写下来，以界定这个标准。

（4）设定考核指标。很多职位的绩效很难考核，关键在于，工作性质无法使考核标准更明确地量化，同时各职能岗位的差异性也使得考核指标很难统一，权重无法明确界定。

所以，在设计绩效考核方案时，科学地制定考核标准和确定指标权重很关键，这是解决绩效管理问题的关键和重点。一般要求考核部门和人员，根据职能部门员工的岗位性质，采用岗位绩效标准指标，其中以工作结果为主的定量指标要与以过程为主的定性指标相结合。从时间、数量、质量、安全、成本多个方面设定相应的评价标准。

而且设定的标准通常有一个明确的范围，对于定性指标的评价标准往往要对指标的达成状况给予详尽的描述，分出等级，如优秀、良好、合格、较差、差，同时对每个等级还要给出明确的操作性定义。

另外，除了制定统一的考核指标外，还需要根据岗位的情况制定必要的特定指标。制定特定的考核指标，要紧紧围绕岗位分析进行，具体表现在：

① 明确岗位职责。员工的岗位职责可以从其岗位说明书中获得，根据员工的岗位职责设计岗位考核指标。如果没有岗位说明书，必须首先对岗位进行工作分析，明确其职责。

② 制定岗位绩效考核标准。岗位绩效考核标准是一种将干得好的和干得差的员工区分出来的工具，是评价员工绩效的标尺。

③ 确定不同指标的权重。不同方面的指标在绩效考核中的重要性是不同的，因此要根据各个指标的相对重要性，确定每个指标的权重。

④ 确定评价主体。确定考核标准。前面已提到，对于定量的工作结果指标，在设计绩效标准体系时可以根据岗位职责从时间、数量、质量、安全、成本五个方面进行考虑；而对于工作行为指标，在设计绩效标准体系时应主要采用行为量表法。

简单地说，职位职责分析就是对被考核部门或个人所在的岗位进行工作评价，对相应的工作任务等设定标准（这点非常重要，通常是薪酬设计的基础，是绩效考核的前提）。通过职位职责分析，得出岗位的任职资格，为人员的招聘和配备奠定基础；可以通过工作分析和绩效考核的对比来找出员工的绩效缺口等，为培训开发提供参考依据。

职位分析是人力资源经理设计考核指标的重要依据，是提炼核心考核指标的前提，可使考核更公平、更合理。

3.5 设计考核指标间的不同权重

考核指标权重反映企业重视的绩效领域，对于员工行为有明显的引导作用。指标权重不能太高，也不能太低，如果某指标的权重太高，可能会使员工只关注高权重指标而忽略其他；而如果权重过低，则不能引起足够重视，同样会使这个指标被忽略，这个指标就会失去了意义。

（1）考核指标权重设计的原则。考核指标权重的设计是有规律、讲原则的，不可过于随意，不能按个人意愿、偏好而行。基本原则如图3-5所示。

> 原则 1. 突出重点目标的指标应加大权重。如本年度重视产品质量，则应该增加返修率、次品率、直通率等质量类指标的权重，"质量第一"的导向要体现在权重之中，但权重多少合适呢？对考核指标的权重进行不同组合，可以得出迥异的评价结果

> 原则 2. 岗位越高，财务性经营指标、业绩指标权重应越大；越是基层岗位，与岗位职责相关的工作结果类指标的权重应越大。流程类指标权重则要越小

> 原则 3. 先定量后定性，优先设定定量指标权重，且总权重要大于定性指标权重

> 原则 4. 同一考核目标下设 5～10 个最适宜，每个指标权重在 5%～30% 之间，最小为 5%，按照 5% 的差数递增

> 原则 5. 重要指标设 1～3 个，权重占总指标的 60%；如果只设 1 个，权重 60%；设 2 个，权重为 30%/个，设 3 个，权重则为 20%/个

图 3-5 考核指标权重设计的基本原则

（2）考核指标权重设计的方法。指标权重的设计方法有很多，常用有主观经验法、等级排序法、对偶加权法、倍数加权法、历史环比法等，具体如图3-6所示。

主观经验法	依靠专家经验和推算判断指标权重，这种方法对决策者的能力要求很高，比较适合小规模的企业
等级排序法	让评价者对指标的重要性进行排序，把排序结果换算成权重，这种操作简单，但也比较主观
对偶加权法	将各考核要素进行比较，然后将比较结果进行汇总，从而计算出权重，这种方法适用于指标不多的情况
倍数加权法	选择某个考核要素，将其设为1，将其他要素和其进行重要性对比的方法
历史环比法	结合历史情况及当前目标进行调整，适合延续性的指标

图 3-6　考核指标权重设计的方法

（3）考核指标权重设计的步骤。人力资源部可以请该岗位的任职者、上下游同事代表、直接主管、部门负责人、绩效经理和公司绩效委员会成员代表组成专家组，按如下步骤来进行。

① 先请指标定义的部门/人员对指标进行定义和计算方式的解读，使专家组对指标的理解没有歧义。绩效经理在会前应尽量收集更多的历史数据供专家组借鉴参考，并在评定前对专家组进行权重设置原则的相关培训。

② 请专家组成员对各指标的重要性进行比较、排序，得出票数最高的指标排序，即为指标重要程度的最终次序。重要程度越高，排序越靠前，权重相应就越大，反之亦然。这个排序可以背靠背进行，这样效率比较高，但可能由于缺少讨论导致有些信息不对称；也可以由专家组开会讨论，但要防止因某专家的权威影响大家意见的发表。

③ 在排序确定后，根据指标权重的设置原则，由专家组成员对各指标所占权重进行设定，然后由绩效经理进行汇总平衡，并将该结果反馈给各专家。然后，各专家根据这一反馈结果，对各自设定的指标权重再进行调整，最后由绩效经理负责汇总评分（取整数），即为最终的指标权重。

因此，即使是人为的凭经验确定指标权重，也要有根据和规律，建议由与被考核岗位密切相关的多人进行综合评议决定，而不是交给一个人决定。

3.6 关键考核指标（KPI）的重要性

关键考核指标（Key Performance Indicators，KPI），是指考核工作一定要将主要精力放在关键结果和关键过程上的一种考核方法。KPI反映的是被考核部门，或所属人员的业绩指标。所有指标均以数据的形式呈现，因能定量、定性地对直接创造利润和间接创造利润的贡献作出评价，所以能更明确地衡量被考核者的绩效。

案例4

深圳某地产公司因开发了一项极具成长潜力的项目，一举成名。该公司规模迅速扩大，人员从以前的20多人增加到200多人，同期开发的项目增长到10多个，而且业务范围大大拓展，涵盖房地产销售与代理、管家服务、旅游地产、地板进出口贸易等。

然而，随着公司规模的不断扩大，人员的不断增加，决定对企业结构进行改革。由以前的总经理一管到底的制度转变为多个部门平行管理，地产建设、地产营销、管家服务与物业管理等分别设置一个部门，每个部门都分别任命经理。既能减轻总经理的压力，又能相互制约，共同促进。

为使各部门之间形成良好的竞争关系，该公司还采用了一个全新的绩效管理理念：关键指标评价法。即重点对能够对企业目标实现产生重大影响的几个主要要素进行考核。经过全体员工的讨论，确定6大关键因素，分别为：良好的对外关系、高质量的土地储备、销售完成情况、成本控制、品牌知名和概念领先。

（1）良好的对外关系：对于一个地产公司来说，做好外部的整合关系至关重要，比如，搞好与银行、政府的关系；取得政府和银行的支持，可以使企业少走弯路。

（2）概念领先：地产产品概念，是争夺市场的一个重要手段，这就要求项目上要不断创新,比如,材料上、服务上、生活理念上等。

(3)品牌知名:对于公司来讲,品牌是一个至关重要的因素,是公司长久发展的重要条件。比如,消费者在选择楼盘的时候,他首先会关注这是哪个开发商开发的,直接影响着产品在他们心中的地位。

(4)土地储备:地产公司生产的是一种特殊产品,是建立在一种不可再生的资源上的,这种资源就是土地。对于地产公司来说,在好的地段上储备一定数量的土地,是关系到地产公司是否可以持续发展的关键因素。因此,土地储备是地产公司运作的一个重要因素,也是一个关键性的成功因素。

(5)成本控制:地产公司的运营风险非常高,因此对成本控制要求极高,一旦控制不好,运营风险马上就会突显出来,因此,成本控制是地产公司运营的一个重要因素。

(6)销售完成情况:完成销售目标是公司获得利润的保障,是现金流正常运转的保障,否则,一切都将是空谈。因此,对销售人员销售目标的考核将是KPI考核中一个非常重要的方面。

以上6个主要因素的确定,既保证了企业目标更好地实施,又可以保证公司在发展过程中,始终不偏离最终目标,使各项工作始终围绕着企业的战略目标进行。也正是因为实行了KPI考核系统,该公司又在深圳东部沿海开发了大片土地,经营状况持续向好。

上述案例说明,KPI考核法是运用关键指标来衡量被考核部门和人员的绩效,抓住了关键问题,即抓住了企业中价值最大的部分。因此,利用关键考核指标法进行绩效考核,最核心的就是做好KPI指标设计,具体可从以下几项内容入手。

(1)KPI指标的作用。KPI考核法是通过对关键部门、关键岗位绩效进行考核,然后,以此为基础来评估整体业绩。这有点类似于抽样调查,通过样本来推测整体,找到规律得出最终结果。这样的考核方法是源于企业的资源价值大小不同、职位职责分工不同、管理者的时间和精力有限等原因。利用有限的资源、有限的精力实现价值的最大化。

确定切实可行的KPI体系是做好绩效管理的关键所在，可以使企业各部门明确自身的主要责任，同时可以以此为基础，衡量各部门、各员工绩效的指标。具体来讲，主要表现在3个方面，如图3-7所示。

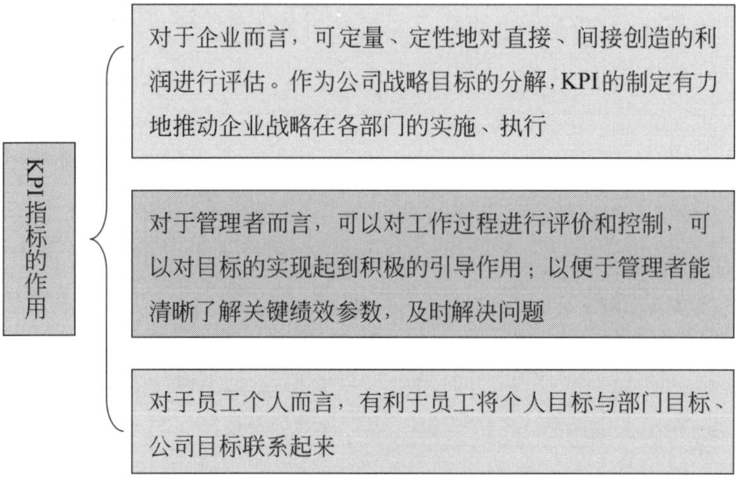

KPI指标的作用
- 对于企业而言，可定量、定性地对直接、间接创造的利润进行评估。作为公司战略目标的分解，KPI的制定有力地推动企业战略在各部门的实施、执行
- 对于管理者而言，可以对工作过程进行评价和控制，可以对目标的实现起到积极的引导作用；以便于管理者能清晰了解关键绩效参数，及时解决问题
- 对于员工个人而言，有利于员工将个人目标与部门目标、公司目标联系起来

图 3-7　KPI指标的作用

综上所述，KPI指标的作用是全方位的，大到整个企业、小到生产、销售、采购、财务等各个部门，及其各个员工都可以覆盖到，对企业整体绩效的提升有重要的促进作用。

（2）明确KPI指标的来源。KPI作为衡量工作绩效的关键指标，体现的是公司战略目标的利益，因此指标的设置必须与企业战略目标相符。当符合企业战略目标的利益时，就有利于绩效的考核，当违背企业战略目标时，则不利于绩效的考核，无法很好地体现绩效成果。

所以，KPI的设置来自对企业战略目标的深入理解，是将公司的战略和远景分解为可量化、可操作的具体目标的过程。

具体步骤如图3-8所示。

值得注意的是，这里提到两个名词CSF和KPI，是企业目标设计、衡量最常用到的两个指标。KPI是CSF的具体反映，但又不完全等同于CSF。KPI通常仅仅衡量业绩中可量化的部分，是对企业可量化经营活动的反映。

最后需要提醒的是，关键考核指标要随企业战略目标的变化而调整，当战略目标发生调整时，关键指标也必须予以调整。

第1步	建立愿景
第2步	确定企业最高战略目标
第3步	识别影响战略目标的关键因素（CSF）
第4步	为每个影响因素（CSF）至少设计一个衡量指标（KPI）
第5步	结合本期预算，为每个CSF/KPI组合确定一项预算目标
第6步	取样计算，为目标的量化提供依据

图 3-8　构建 KPI 指标体系的步骤

第 4 章

科学量化指标，保证考核精准实施

考核指标可分为定性指标和定量指标两大类。为了保证考核的有效实施，必须坚持以定量为主，定性为辅的原则。定量即量化，将笼统的、模糊的东西用具体的数字、精准的计算表现出来。

4.1 为什么对指标进行量化

> 案例1
>
> 某公司为了激励员工,采用"月度绩效考核"方法进行绩效管理。该方法实施一个月后,员工的积极性不仅没有提高,反而原先表现积极的员工也不积极了。每个部门上交的考核结果也日趋平均,甚至有的部门给每个员工打了相同的分数。整个公司的人际关系也变得有些微妙,没有以前和谐了,同时,员工离职率也开始上升。
>
> 总经理觉得很困惑:"不都说绩效管理好吗?为什么我的'月度绩效考核'得不到好的效果,反而产生负面影响?"

从考核结果看,由于工作的评价没有量化,上级在给下级做业绩评价时,难免会因为个人喜好,使得评价结果出现不公平,难以让人信服。

绩效考核是衡量员工工作成果的最常用手段,要做到考核指标的高度量化,用数字作管理,具体可通过一些科学合理的计算方法,使结果更客观、公平、公正、易操作,及时反映工作任务进度,以便及时调整改进。

如对人力资源部经理的要求是:当年劳动争议胜诉率达到70%以上;员工满意度超过90%;劳动力成本下降10%;员工流失率下降到10%以下等,这些具体数据无形中成为员工工作的动力。

这说明只有内容数据化,并非常清晰,才能更有利于员工明确自己,努力工作。量化指标就是为清晰地反映出企业所希望员工达到的预期成果而设定的,考核中的关键指标、重点指标建议尽量用量化的数字来表示。

4.2 量化指标的4个标准

4个标准可归结为"四化",所谓"四化"即"能量化的尽量量化;不能量化的先转化;不能转化的尽量细化;不能细化的尽量流程化"。绩效考核指标的四个标准如表4-1所列。

表 4-1 绩效考核指标的 4 个标准

标准	适用性	解读
能量化的尽量量化	普适性	如培训工作可从培训时间、培训次数衡量;制度工作可从制度的制定数量、合理性、违反次数来衡量
不能量化的先转化	笼统性工作	如抓产品质量、安全生产等,这些工作较笼统,无法截取某个环节来重点考察。这时可通过目标转化的方式实现量化,转化的根据包括数量、质量、成本、时间等元素
不能转化的尽量细化	繁杂、琐碎的工作	办公室主任、行政人员、内勤等,工作比较琐碎,可先对工作进行盘点,然后找出该职位所承担的关键职责,最后利用合适的指标进行量化
不能细化的尽量流程化	单一性工作	打字员、出纳、初级会计、培训专员、监察员等,其工作的重复性较强,这类工作建议流程化处理,然后针对每个流程进行多维度衡量,或列出相应的等级进行评价

4.3 量化指标的5个原则

量化指标的制定要符合5个原则,即SMART原则。SMART是5个英文单词首字母的合称,各自表达着不同的含义,如图4-1所示。

图 4-1　SMART 原则的具体含义

（1）具体的。即所制定的指标要明确，用具体的、清晰的、无歧义的语言准确表达，说明要达成的目标。有些指标表述不够明确，往往是因为这些指标中存在漏洞，也正是不够明确，才使得在实施考核时候无从下手。

案例2

某企业制定了月底要"增强客户意识"的指标。其实，这个指标描述很不明确。因为增强客户意识有许多具体做法，如提升服务的速度、使用规范礼貌的用语、采用规范的服务流程、减少客户投诉等。这么多增强客户意识的做法，具体使用哪一种，指标中没有明确指出。

可以改为以下形式，将在月底前把前台收银的速度提升至正常的标准，这个正常的标准可能是2分钟，也可能是1分钟，或分时段来确定标准。或过去客户投诉率是3%，月底计划把它减低到2%或者1%。也是增强客户意识的一个方面。

（2）可测量的。即所制定的指标必须量化，有明确的数据和标准，方可作为衡量是否达成指标的依据。要么用数字体现，要么写明具体标准，如优秀、良好、及格、差等这样的等级。

如果制定的指标较为笼统，无法用某个标准去衡量，那么这个指标就无法判断能否如期实现。

案例3

常常遇到这样的情景，领导问"距我们预期的目标实现还有多少？"员工回答是"马上""快了"，领导听后很满足，而事实上呢？到了预定时间，这个目标很难实现。

这个问题根源在于，没有给员工一个可以衡量的分析数据。"马上""快了"是个既不明确也不容易衡量的概念，到底指什么？是不是只要去做了，不管做多少，也不管效果如何都可以称之为"马上""快了"？

对此可以这样改进：在什么时间要完成什么目标、多大的量，然后根据达到的量进行阶段性评分。如超额完成的为80分，刚刚达到的为70分、没达到的为60分。低于60分的就认为效果不理想，高于80分就是所期待的结果。

在这个过程结束后，再对每阶段的评分进行复评，这样指标变得可以衡量，也更容易实现。

（3）可实现的。即所制定的指标要符合实际，尤其是符合执行人的实际，能够被执行人所接受。有些领导喜欢给下属强加任务，利用一些行政手段、权力一厢情愿地把自己所制定的目标强压给下属，完全忽视下属的承受力。这样的结果是导致下属心理和行为上的抗拒，要么拒绝，要么接受但不尽力，怀着"我可以接受，但能否完成就不得而知了"的心态去做。

案例4

某餐厅经理定的指标是——早餐时段的销售在上月早餐销售额的基础上提升15%，销售额可能是几千块钱。如果把它换算成利润是一个相当低的数字。但为了完成这个指标的投入要花费多少？这个投入比起利润要高得多。

这是一个不太实际的指标，就在于它花了大量的钱，最后还没有收回所投入的资本，这不是一个好目标。

（4）结果导向。所有的指标制定必须围绕着结果来展开，有结果才值得去考核，千万不可做"面子工程"的事。所谓的结果其实就是客观条件，支撑目标实现的现有资源，且是客观存在、实实在在的。

案例 5

如某企业历年的年销售额均是2000万元上下，且这是企业生产能力、市场消化能力，以及销售部门营销、推广等各方面工作维持在一个正常运作状态下产生的结果。那么，在制定新的年度销售目标这一指标时，就应保持2000万元这个量，或者稍多些。

假如未来某一方面工作有特别大的突破，可以在2000万元的基础上上升一个台阶，如提高50%，翻倍等；假如各方面仍处于原水平，只是领导头脑一热，就要求翻倍达到4000万元，那么这个指标肯定不切合实际，没有做到以结果为导向。

（5）有时间限制。所有的绩效是指在一定时间内完成和达到的，如果设定指标没有时间限制，那么这个指标即使实现也没有任何意义。如要求200万元的销售额，必须规定在多长时间内完成，否则单单这么要求是没有意义的，要求1个月完成，2个月才完成也是没意义的。

SMART原则，是制定量化指标时需要遵守的原则和基本要求，它们之间是相互联系、相辅相成的，缺一不可。只有同时符合这5个原则才能称为一个完整的量化指标，因此，5个原则可融合在一个链条中，如图4-2所示。

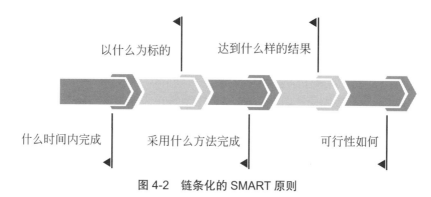

图 4-2　链条化的 SMART 原则

4.4　量化指标的两种表述形式

量化指标的表述方式，换句话说就是如何用数据来表现指标。数据的表述一般有两种，一是绝对数值；二是相对数值。因此，量化指标的表述形式也有两种，分别为绝对指标和相对指标。

所谓绝对指标，是指直接用数字表述的指标，例如"年产量3 000万台"等；所谓相对指标是指用百分比表述的一类指标，是一个比值，如"增长率超过30%""次品不超过1%"等。

（1）绝对指标。绝对指标是一个绝对数，在量化指标中这个绝对数值非常重要，往往是衡量被考核者的硬指标，要求必须达到，达到了就合格，反之就是不合格。

如某生产性企业2018年预计生产机器设备达3000万台，如果达到3000万台就是达标（优秀）。再如某企业2017年的利润指标是2000万元，这个2000万元就成了一个绝对数。

（2）相对指标。量化指标中的相对指标也非常重要，往往是被考核者相对价值的体现，现实中运用得也非常多。

如杰克·韦尔奇推荐的6个西格玛理论，是指次品率不超过2‰，100万台机器当中只能有不超过2台的次品。

如绩效管理中的标杆管理法，该方法指的是以竞争对手为基准，把对方的产品、管理、流程等拿来作为自己企业的参照目标，用竞争对手的指标作为自己的依据，把自己的指标和对方的指标去比得到相对比值。

案例7

美国产品和日本产品相比较,可以发现日本企业更加注重产品的细节。比如日本汽车经不起撞,钢板比较薄,但是它在精细的地方做得非常人性化,很多人愿意买日本汽车,虽然它经不起撞,但人们的理由是买汽车不是为了撞而是为了开的。这也是日本企业能够在市场上长盛不衰的原因。

在日本历史上曾经引入过一位美国的人才叫戴明。戴明当时在美国穷困潦倒,住在地下室,他是质量管理方面的专家,日本人把他请去推进戴明管理模式。戴明提出"14条质量管理理论",在日本产业界引起了轰轰烈烈的全面质量管理运动。从20世纪60年代开始,日本产品有了极大的改善,最后在美国市场取得了极大的胜利。

再如在很多产品领域,德国产品就是优质产品的标准和象征。奔驰、宝马、奥迪汽车就是优质产品的标志,给人的感觉德国货是精益求精。

4.5 指标量化的呈现方式

考核指标如何呈现可以让员工们一看就明白呢?主要有以下几种方法可供参考使用。

4.5.1 列举法

列举法就是把所有可能的情形全部列举出来,要求能够对应所有的情形,所谓"穷尽所有情形"。比如对学历进行考核,一般是这样罗列的:博士10分,硕士8分,本科学士6分,大专5分,高中4分,初中及以下3分。

当然，实际情况却要比理想状态下这种模式复杂得多。假如某一位员工参加考核，他有两个硕士文凭，那么请问该给几分？

 案例8

> 有员工提出疑问，两个硕士文凭可不可以评分更高，算不算一个博士所得的分？如果不算的话，那么就要增加一条规定：如果两个文凭不是同一级别的，只计算最高的那个或者是只计算一个；第二个人来问：人学本科毕业读了研究生但是没拿到学位，只是读了两年研究生，怎样计算呢？那就需要制定新的规则，即"没有获得学历和学位的一概不算"；第三个人则有两个硕士学位怎么算？按照同级别只算一个的话那么硕士8分，两个硕士学位也只能是8分。这样——确定，整个列举法的指标体系就——对应了。

所以，有时候构建一整套企业的绩效考核指标真的需要几代人的努力才可以完成，不是一蹴而就的，"罗马不是一天造起来的"说的就是这个意思。

4.5.2 扣分法

扣分法指的是一旦发生某种情形，就从原本应当得到的分数中扣除相应分数值的一种考核方法。例如，全勤10分，请病假扣1分，事假扣2分，旷工扣10分等，这就是扣分法，如图4-3所示。

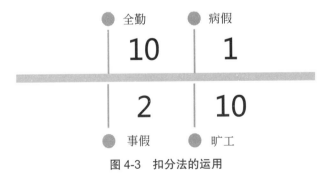

图4-3 扣分法的运用

扣分法在使用中也要注意所有的情形都应包括，既要把各种情况都罗列完整。比如对于"全勤"就要定义，请产假是不是全勤？年休假呢？探亲假呢？婚假呢？丧假呢？理论上讲，只要有"假"出现，就不能算作全勤，但是法律规定产假视为出勤，年休假也作为出勤对待。除此之外，都不能算作全勤，婚假、丧假是有薪假期，即便带薪也仅是一种福利而已，不代表全勤。不过这些内容都应当事先在《员工手册》中明示，以免产生争议。

4.5.3 加分法

加分法就是没有某种情形时零分，出现某种情形就给予加分待遇。例如评为市劳模加10分，评为区劳模加5分，评为企业内劳模加2分，先进积极分子加1分，普通员工不加分，如图4-4所示。

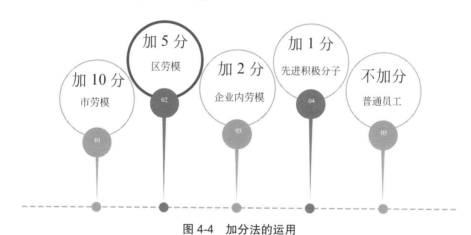

图4-4　加分法的运用

加分法的运用也要事先公示，告知员工任何人都可以争取和获得，也为所有员工指明了奋斗的目标和方向。

4.5.4 比率法

比率法是用相对数值来表示的方法，即直接用百分比说明，通过百分比直观表示。例如"出勤率98%"就是直接用比率表示的一种方法。直接用比率法表示的好处是不需要任何事先的解释和说明。

需要注意的是，尽管我们提倡指标要尽量量化，但并不是什么工作都可以量化的，如果一刀切硬性量化，反而会出现僵化。对于不能量化的指标，由于没有数据化，所以叫作定性考核，或质化考核等。考核的对象主要就是那些职能性的部门和人员，比如办公室、人力资源部等。

第 5 章

对组织和个人进行考核，应运用不同的方法

有经验的HR都知道，考核方法有很多，但在具体的考核中到底该选择哪一种，不是随便决定的。一般来讲，需要根据考核维度而定，考核维度可分为横向考核和纵向考核两大类：横向维度是从组织、个人绩效这一层面来考核，纵向维度是从人、事的层面进行考核。

5.1 组织绩效考核方法

5.1.1 目标考核法：以目标为导向进行考核

目标考核法的理论基础是目标管理，又叫MBO。该理论的提出，在管理学上具有划时代的意义，与学习型组织和企业流程再造（BPR）并称20世纪最伟大的三大管理思想。目标管理（MBO）是由管理学大师彼得·德鲁克在1954年首先提出来的，并率先在通用电气公司（GE）实行，取得了很大的成功。20世纪50年代以后，广泛运用于欧美企业，20世纪80年代末传入中国。

案例1

博能顾问公司是最先使用这种考核方法的中国企业之一。该公司成立于1992年，是一家综合性咨询机构。1996年，张伟嘉加入该公司并担任总裁，同时带来了曾在DEC、SSA等美国企业施行的先进管理理念。最为重要的就是建立MBO（Management by Object，目标管理）体系，具体为：将公司的整体目标分解到部门，分解到组，然后由组到人。

在对个人的考核上，博能公司建立了一个很完善的"三联单"式MBO计划书。这份计划书一式三份，分别由员工本人、其直接经理和人力资源部各执一份。这份计划书是由员工与其直接经理沟通，共同制定的，内容主要涉及自己上个月的完成情况，下个月的工作目标（逐项量化），并进行打分。

整个考核体系由每月的MBO、评估全体员工、针对优秀员工评选、针对中、高层管理人员的年终考核、针对部门经理年度优秀经理人评选。无论对那个阶层人士的评估，必须以每月一次的MBO为基础。

MBO的评估结果与当月奖金直接挂钩，如果MBO所列的各项目标全部完成，该员工即可得到相当于其基本工资40%的奖金。

第5章
对组织和个人进行考核,应运用不同的方法

> 博能实施MBO考核制度,并从内容和形式上与本土优势资源相机结合,即"结果导向",这也是博能的一个核心价值观。博能公司重视功劳,而不看重苦劳,着眼的是结果,而不是过程。

可以看出,博能的MBO考核之所以能够落到实处,最重要的是有明确的目标引导。博能特殊的绩效考核体系,与博能的业务、价值观、经营目标完全融为了一体,成为管理活动中的主要内容,因此也实现了预期的目标,一是提高了整体绩效水平,提高了企业的经济效益;二是对员工进行甄别与区分,使得优秀人才脱颖而出,有利于个人职业的发展。

MBO的最大特点是强调员工参与管理,可以有效、充分地调动员工的积极性。然而,很多企业在运用MBO时容易陷入这个误区:忽略员工的参与。一般都是企业高层制定年度目标,然后将该目标强行分摊给各部门,部门再分摊到每位员工身上。在这个过程中,员工只是被动地执行,始终没有参与到其中去。因而,大多数目标难以得到基层的认同,执行起来自然大打折扣。

在MBO的实施上,要遵循"四个共"原则,即共识、共担、共享和共赢,具体如图5-1所示。

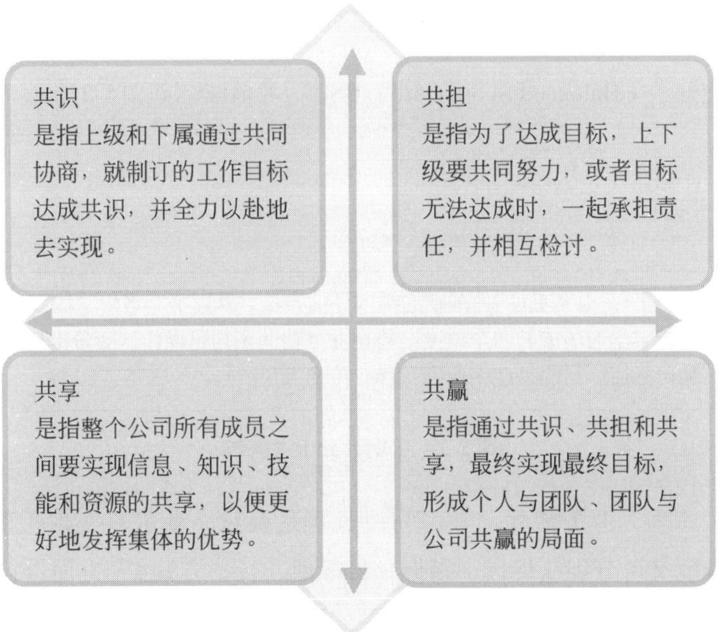

共识
是指上级和下属通过共同协商,就制订的工作目标达成共识,并全力以赴地去实现。

共担
是指为了达成目标,上下级要共同努力,或者目标无法达成时,一起承担责任,并相互检讨。

共享
是指整个公司所有成员之间要实现信息、知识、技能和资源的共享,以便更好地发挥集体的优势。

共赢
是指通过共识、共担和共享,最终实现最终目标,形成个人与团队、团队与公司共赢的局面。

图5-1 MBO的实施原则

尽管MBO是绩效考核中一种非常有效的考核工具，但在实际操作中也有不少缺点和不足。这些缺点和不足主要表现在以下4个方面。

（1）目标难以制定。随着企业内外环境变化得越来越快，可变因素越来越多，不确定性越来越大，这使得考核活动也变得日益复杂，许多考核项目难以明晰地界定，考核目标难以量化。

（2）目标管理成本比较高。目标管理需要上下级之间进行充分的沟通，达成高度统一的共识，而这是个很长的过程，需要投入大量的人力物力和时间成本。

（3）时机不成熟，条件不够充分。目标管理能够顺利实施的前提条件是被考核者自觉性要高。而在许多企业中，员工是无法做到这点的，再加上企业监督不力，目标管理所要求的承诺、自觉、自治气氛难以形成。同时，目标管理对管理者的素质要求也比较高。而在许多企业中，有些管理者也是不合格的，独断专行，难以充分听取下属的意见。

（4）急功近利。每个部门、每个人只关注自身目标的完成，忽略了企业总体目标的实现，从而滋长本位主义、临时观点和急功近利倾向。

5.1.2　平衡计分卡考核法：战略绩效管理工具

平衡计分卡（Balanced Score Card，BSC）考核法，如图5-2所示。

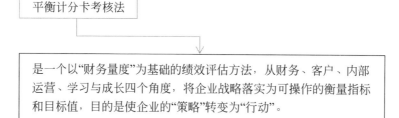

图5-2　平衡计分卡考核法

财务、顾客、业务流程、学习与成长等是衡量企业战略实现程度的4个维度，每个维度又可分别从目标、指标、目标值、行动方案4个方面进行更细化的考核，具体如图5-3所示。

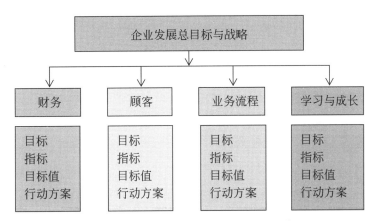

图 5-3　平衡计分卡（BSC）指标 4 维度体系

传统的财务会计模式只能衡量过去发生的事情（落后的结果因素），但无法评估组织前瞻性的投资（领先的驱动因素）。在工业时代，注重财务指标的管理方法还是有效的。但在信息社会里，传统的业绩管理方法并不全面，组织必须通过在客户、供应商、员工、组织流程、技术和革新等方面的投资，获得持续发展的动力。正是基于这样的认识，平衡计分卡考核法认为，组织应从四个角度审视自身业绩：财务、顾客、业务流程、学习与成长。

案例 2

1994 年，美孚石油北美区分销炼油事业部首先开始采用平衡计分卡考核法。自从实施这种考核方法，北美区分销炼油事业部发生了翻天覆地的变化。这一巨大的变化与新上任的首席执行官鲍勃·麦库尔有莫大的关系，但最根本原因在于平衡计分卡的使用，他们正是从财务、顾客、过程、学习与成长 4 方面入手的：

（1）财务

根据平衡计分卡，美孚在财务上设定了战略目标，该目标使企业内部价值链的各个环节都对财务目标更加明确。

为了实现目标，部门制定了以增长战略和生产力战略两个主题为主的发展战略。增长战略包括提升产品的销售量，增加产品的种类（主要是除汽油外的其他产品）；生产力战略包括降低成本、提升资本使用效率。

（2）顾客

经过市场部门对消费群体的调研，美孚发现自己的客户群体主要有忠实族、家庭主妇和价格敏感者。通过对客户群体的分析，管理层发现了更大的消费潜力。因为除去价格敏感者这部分人群外，其他客户群体不仅仅需要单纯的汽油，他们对石油附加品同样是有需求的。为了争取更大的利润，美孚最终决定把这些客户群作为企业重点客户去开发，为其提供超值购买体验。

（3）内部经营流程

为了战略目标的达成，美孚明确了两个重要业务流程：一是开发新产品和新服务，二是通过非汽油类产品提升经销商利润。

（4）学习与成长

为了对本部门进行改革和创新，美孚管理层决定对员工加强技能和素质的培养，并成立了培训班，要求每个员工至少要达到3项标准，具体如表5-1所列。

表5-1　员工学习与成长标准

1	营造学习氛围，及时了解企业发展战略意图，及时获取与战略执行相关的信息
2	不断提升核心能力与技能，鼓励并协助员工全面掌握核心业务，以达成愿景目标
3	提升领导力水平，以正确传达愿景，加强对业务的全局思考，并开发员工潜能

企业发展是一个持续改进的动态过程，并且各个环节需要保持必要的平衡。而BSC则恰好能满足这一需求，为各个环节的发展提供了一种平衡机制。

（1）平衡计分卡表现形式。平衡计分卡通过图、卡、表的形式来体现考核过程，图是指战略地图、卡是指个人计分卡、指标卡等，表是指绩效考核量表。通过直观图表的展示，部门职责、工作任务及其相互间的承接关系等也显得层次分明、一目了然。

（2）平衡计分卡4个维度。平衡记分卡从财务、顾客、内部流程、学习与成长4个维度进行考核，真正体现了企业股东、顾客、员工的多方利益。

① 财务维度。包括财务性绩效指标和非财务性绩效指标。财务性绩效指标

可显示出企业的战略及其实施和执行是否正在为最终经营结果（如利润）的改善作出贡献。但是，不是所有的长期策略都能很快产生短期的财务盈利。非财务性绩效指标（如质量、生产时间、生产率和新产品等）的改善和提高是实现目的的手段。

在企业不同的发展阶段，财务考核指标需要根据市场环境、公司战略等因素的变化而调整。

② 顾客维度。顾客维度的考核主要是为了研判核心客户的需求，做到以目标顾客和目标市场为导向，专注于满足核心顾客需求，而不是满足所有客户的喜好。

顾客维度的考核指标主要包括：市场份额、老客户挽留率、新客户获得率、顾客满意度、从客户处获得的利润率。

③ 内部流程维度。对企业内部经营流程的考核，主要是为了提升企业经营水平。在这一层面上，管理者要发挥关键流程优势，这些流程可以帮助企业吸引和留住目标客户，并满足股东对收益的期望。

需要注意的是，制定企业内部流程的目标与指标，通常是先制定财务目标和了解客户需求，理清这个顺序才能使企业抓住管理的重点。

④ 学习与成长维度。前三个层面一般揭示的是企业的实际能力，与实现突破性业绩所必需的能力之间的差距。为了弥补这个差距，企业必须投资于员工技术的再造、组织程序和日常工作的理顺，这都是平衡记分卡学习与成长层面追求的目标。学习与成长层面确立的是，企业要想实现长期的成长和改善就必须建立基础框架，保证未来成功的关键因素。

（3）平衡记分卡的作用。平衡记分卡最大的作用就是平衡各种关系，正是有了这种平衡才能保证企业的健康运行。因此，主要内容就是所要平衡的各种关系。图5-4所示为平衡记分卡的"平衡"具体方面，通常来讲有5个方面。

平衡计分卡所包含的五项平衡内容的具体解释：

① 财务指标和非财务指标的平衡，企业考核的一般是财务指标，而对非财务指标（客户、内部流程、学习与成长）的考核很少，即使有对非财务指标的考核，也只是定性的说明，缺乏量化的考核，缺乏系统性和全面性。

② 企业短期目标和长期目标的平衡。平衡计分卡是一套战略执行的管理系统，如果以系统的观点来看平衡计分卡的实施过程，则战略是输入，财务是输出。

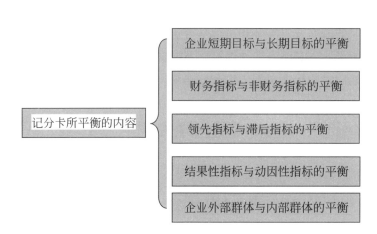

图 5-4　BSC 的平衡作用

③ 结果性指标与动因性指标的平衡。平衡计分卡以有效完成战略目标为动因，以可衡量的指标为目标管理的结果，寻求结果性指标与动因性指标之间的平衡。

④ 企业外部群体与内部群体的平衡。平衡计分卡中，股东与客户为外部群体，员工和内部业务流程是内部群体。平衡计分卡可以在有效执行战略的过程中，发挥平衡这些群体间利益的重要作用。

⑤ 领先指标与滞后指标的平衡。财务、顾客、内部流程、学习与成长这四个维度有的是采用领先指标，有的是才有滞后指标，这就需要对两者进行必要的平衡。

一般来讲，财务维度使用的指标是滞后指标，它只能反映公司上一年度的情况，不能告诉企业如何改善业绩和可持续发展。顾客、内部流程、学习与成长三个维度使用的是领先指标。

利用平衡计分卡就是通过平衡领先指标与滞后指标，实现被考核者的全面提升，促使企业快速发展。

（4）设置衡量指标。平衡记分卡的核心在于在考核对象之间寻求一种平衡。那么，如何实现这些平衡呢？这依赖于详细的考核指标，取决于衡量维度本身和指标的选择是否与战略相一致。按照衡量维度的不同，具体指标通常包括 4 个维度，如表 5-2 所列。现以某公司为例。

（5）战略反馈与学习。把平衡记分卡融入战略反馈和学习的框架之中，是作为动态平衡的最好体现，也是平衡记分卡最具创新性的运用。

表 5-2　考核指标设置维度

维度	某公司战略重点	对应的指标
财务	利润提升	年利润
	销售业绩增长	营业收入、销售额
	新增长点	资本报酬率、经济增加值
	降低成本、控制费用	成本控制率、费用控制率
顾客	顾客导向	产品品质合格率
		成品交货达成率
		客户服务满意度
	市场渠道变革	有效渠道数量/贡献率
	品牌推广	品牌影响力
业务流程	核心技术竞争力	产品专利数
	生产效能提升	生产效率、自动化生产贡献率
	制度流程优化	制度流程完善程度
学习与成长	团队建设	核心人才流失率
	技能培训	培训达成率

企业制定的长期战略一般在3～5年，甚至更长。然而在信息时代、知识经济的今天，企业的经营环境变化莫测，竞争环境越来越多变，制定好的战略可能适合当时的环境和公司能力，但随着客观环境的变化就无法适应当前的环境。因此，此时企业必须根据外部环境、企业能力和战略反馈等各方面的信息，来调整和改善企业的战略目标，以保持企业动态平衡。

5.1.3　OKR：目标与关键成果法

OKR（Objectives and Key Results）即目标与关键成果法，最早是英特尔公司采用的一种考核法，后来被谷歌公司引进，并得到了快速发展。现在成为很多企业绩效考核的一种方法。

OKR是一种企业、团队、员工个人目标设定与沟通的最佳工具，它有自己的优势。那么，这些优势体现在哪儿呢？具体可从以下6方面来理解，如表5-3所列。

表 5-3 OKR 的优势

特点	内容
目标统一	OKR 的目标是一致的，尤其是核心目标须达成共识，统一，清晰，明确
指标简单	不超过 5 个目标，每个目标不超过 4 个关键行动结果
上下一致	从下层员工到各个团队、公司，整体的目标都是一致的，使组织的力量更聚焦，由于对指标数目的控制使得评价工作更快速、省时
公开透明	指标及执行情况都是信息公开的，并且可以相互查看、讨论和监督。这也保证了考核目标不会偏离，即使出现偏离，也可迅速做出调整
不易作假	OKR 评价无需追求高分，只要大体能达到要求即可；再加上结果不与奖金挂钩，所以避免了在此事上的争执和作假
更利于分析和解决问题	OKR 始终是引导着所有人把注意力放在目标上，它关注的是目标如何实现。完成目标过程中有哪些有利、不利的因素

与以往常用的考核方法不同，OKR 始终引导着所有行为都必须放在既定目标上，即目标怎么实现。换句话说，OKR 关注的是"做正确的事"，而不是"正确地做事"。那么，OKR 该如何具体使用呢？可按照 4 个步骤来做，如图 5-5 所示。

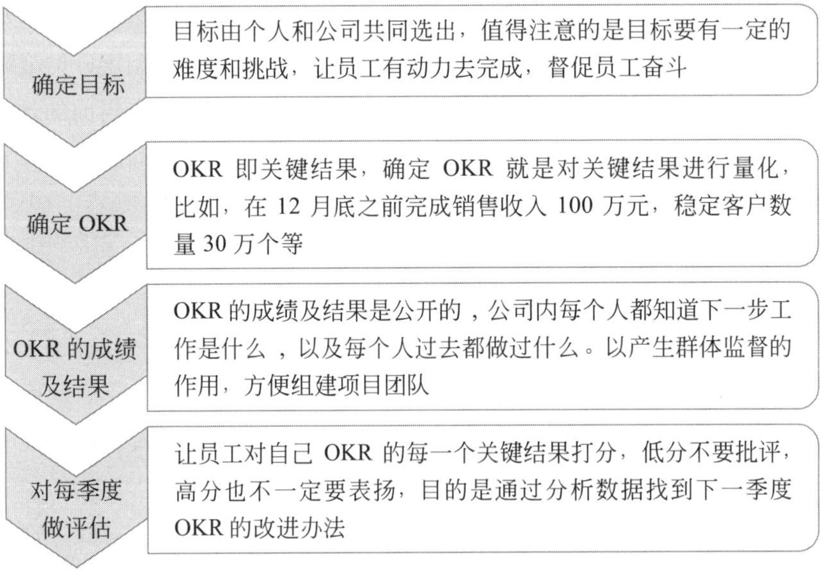

确定目标：目标由个人和公司共同选出，值得注意的是目标要有一定的难度和挑战，让员工有动力去完成，督促员工奋斗

确定 OKR：OKR 即关键结果，确定 OKR 就是对关键结果进行量化，比如，在 12 月底之前完成销售收入 100 万元，稳定客户数量 30 万个等

OKR 的成绩及结果：OKR 的成绩及结果是公开的，公司内每个人都知道下一步工作是什么，以及每个人过去都做过什么。以产生群体监督的作用，方便组建项目团队

对每季度做评估：让员工对自己 OKR 的每一个关键结果打分，低分不要批评，高分也不一定要表扬，目的是通过分析数据找到下一季度 OKR 的改进办法

图 5-5 OKR 的使用步骤

（1）确定目标。目标由个人和公司共同选出，值得注意的是目标要有一定的难度和挑战，让员工有动力去完成，督促员工奋斗。

（2）确定OKR（关键结果）。OKR即关键结果，确定OKR就是对关键结果进行量化，比如，在12月底之前完成销售收入×××万元，稳定客户数量30万个等。

（3）OKR的成绩及结果。OKR的成绩必须公开，同时公开OKR内容，让公司所有人能够知道每个人下一步工作是怎样的，以及每一个人过去都做过什么，便于大家的相互了解和监督。

（4）对每季度做评估。让员工对自己OKR的每一个关键结果打分，低分不要批评，高分也不一定要表扬，目的是通过分析数据找到下一季度OKR的改进办法。

当然，以上4个步骤是最基础的，要想推行此种考核方法，期间会遇到很多各种各样的问题。况且，OKR既是绩效考核方法（并非简单的考核工具），又是统一上下层思想的管理工具和方法，因此，必须结合实际进一步完善。正因为此，在使用OKR时还需要注意以下4个事项。

（1）企业内部目标的统一。这要求做到横向统一和纵向统一。横向统一是指各个部门、团队的目标，甚至个人的目标，都必须围绕企业总战略目标而设置；纵向统一是指考核内容必须环环相扣。例如，要考核的内容是项目完成率（公司层面的），那么下一层要考核的就是负责整个项目的团队，包括项目能否按时完成，项目团队的成员能否按时完成各自所承担的工作等。

（2）强调OKR（关键结果）的量化。OKR代表关键结果，因此OKR的量化非目标的量化。OKR与以往的绩效考核不同，它不直接与薪酬关联，OKR看作达成O的一系列手段。OKR允许员工、团队、公司可在执行过程中更改OKR，甚至鼓励这样的思考。

（3）定期检查、评估。定期检查、评估可促使员工、团队、公司进行检查与沟通，在公开透明的氛围中，促进各层面沟通协同，使上下集中精力为某些重要工作而努力，并且形成了目标完成过程的监督和衡量。定期检查、评估既可以消除茫然和惰性，也可及时纠偏。

（4）目标要不断优化。OKR强调的是如何进行改进，它制定的只是一个笼统的目标，具体如何实现还需要在后期实践中不断探索。

总之，想让OKR考核能一步到位地落实下去，离不开经验的积累和周密严谨的设计思想，因此做事前需要做些准备。

5.2 个人绩效考核方法

5.2.1 行为考核法：根据行为表现进行考核

行为考核法，顾名思义，就是根据被考核员工在工作过程中表现出来的行为进行考核的一种方法。

运用这种考核法时首先需要对考核行为加以界定，然后，再评估这种行为对工作绩效的影响。行为考核法通常包括4种，分别为关键事件法、行为锚定等级评价法、行为观察评价法、行为对照表法，如图5-6所示。

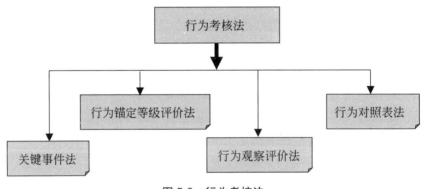

图 5-6　行为考核法

（1）关键事件法。关键事件法，是指选取被考核者在工作中表现出来的极成功或极失败的事件，并进行分析和评价，来考核其绩效的一种方法。这种方法源于1949年，美国学者福莱诺格的《人事评价的一种新途径》一书，20世纪40年代逐渐在企业人力资源管理领域开始应用。

关键事件法的核心是"关键性事件"的搜集，通过搜集被考核者在工作中的某个重大或关键事件对其绩效进行分析，总结出取得成绩，或存在的问题。由此可见，运用关键事件法最核心的就是确定关键性事件。那么，该如何确定这些事件呢？可通过以下3个步骤进行。

① 确定关键性事件的选择标准。选择什么样的事件，要有一个严格的筛选标准，一切以有利于绩效考核目的实现为基准。

② 对关键性事件进行提炼。关键事件法不仅仅是指一件事情，可选择一组相关事件，然后对其进行分析、提炼。

③ 编制典型情景，对关键性事件进行优化。编制典型情景是对关键性事件加工和优化的过程，毕竟不是所有事件可直接利用，必须对其进行进一步优化，使之符合考核的需求。这是考核中非常重要的一步，决定着考核的最终成效。

关键事件法优点是行为集中在职务行为上，而且具有可观察性、可测量性。所以通过职务分析便可以确定行为给绩效带来的利益和作用。缺点是比较费时费力，需要花大量时间去搜集关键性事件，并加以概括、分类、优化。另外，关键事件一般都是指那些对绩效起着决定或关键作用的事件，因而常常遗漏了平均绩效水平。

（2）行为锚定等级评价法。将同一职务工作可能发生的各种典型行为进行评分度量，建立锚定评分表，以此为依据，对员工实际行为进行测评、分级的考评办法。

其具体操作方法如下：

① 确定构成该岗位工作绩效的重要维度；收集大量能够反映被考核者工作绩效的典型行为。

② 将每个维度和最能反映他的绩效的典型行为相搭配；确定评定等级，从优到劣、从高到低依次排列，在此基础上建立锚定等级评价表。以某10个考核对象为例，分别分为10个考核等级，总评分20分，如表5-4所列。

表5-4 锚定等级评价表

考核等级	分数									
	A	A-	B	B-	C	C-	D	D-	E	E-
0						2	1	0	−1	−2
1					4	3	2	1	0	−1
2					5	4	3	2	1	0
3				8	6	5	4	3	2	1
4				8~9	7~8	6	5	4	3	2
5			12	9~10	8~9	7~8	6	5	4	3
6			12~14	10~11	9~10	8~9	7~8	6	5	4
7			13~14	11~12	10~11	9~10	8~9	7~8	6	5
8		15	13~15	12~13	11~12	10~11	9~10	8~9	7~8	6
9	19+	16	14~15	13~14	12~13	11~12	10~11	9~10	8~9	7
10	20+	18	15	14~15	13~14	12~13	11~12	10~11	9~10	8

③ 最终确立工作绩效评价体系。该体系中每一个工作绩效要素都将会有一组关键事件（通常为6～7个关键事件），每组关键性事件称为一个"行为锚"。

这种方法的优点是，基于事实进行分析，通过典型行为的收集和锚定，对工作绩效有一个全面的认识，便于被考核者接受考核结果，提高反馈的积极性。缺点是与关键事件法类似，时间成本较高，难度较大，量表的建立专业性强，适用范围较窄；在考核时易受近因效应的干扰。

（3）行为观察评价法。先确定关键性事件，再对员工整个事件中的各种行为进行评价。

具体做法是先确定需要衡量的绩效维度；将每个维度分成若干个具体的工作行为，并设定对应等级，考核者在进行考核时将员工的行为与每个等级标准进行比较，得出该员工在每个行为上的得分和在维度上的总得分。

这种方法的优点是能够区分高绩效和低绩效行为；客观性强；能够提供反馈信息。缺点是，所需的信息较大，往往会超出人的记忆最高限，尤其是被考核的员工较多时，不宜采用这种方法。

（4）行为对照表法

① 这种方法又称为普洛夫斯特法，是美国人普洛夫斯特提出的一种方法。基本思路是根据事实打分，然后根据得分评定等级。具体步骤如下。

● 第一步，制作"对照评价表"（如表5-5所列），然后根据被考核者的工作事实进行逐项核定。

表 5-5　普洛夫斯特对照评价表 1

1次评估	2次评估	3次评估		1次评估	2次评估	3次评估	
□	□	□		□	□	□	
□	□	□		□	□	□	
□	□	□		□	□	□	
□	□	□		□	□	□	
□	□	□		□	□	□	
□	□	□		□	□	□	
□	□	□		□	□	□	
□	□	□		□	□	□	
□	□	□		□	□	□	

● 第二步，在表5-5中相应的"□"中打"√"。假如某一项与被考核者情况不符，就空过去，不影响考核结果。

- 第三步，对照计分表计算分值，如表5-6所列。

表5-6　普洛夫斯特对照评价表2

分数		分数	
–2		1	
–（1/2）		–1	
1		–1	
–1		–1	
–（1/2）		–1	
–1		–1	
–1		0	
–1		–（1/2）	

- 第四步，根据换算表换算评价等级。评价等级共为10等，即A，B+，B，C+，C，C–，D+，D–，E+，E–。评价等级的决定如下：比如，"+"为4分，"–"为10分，"+""–"相抵总分为–6分，根据"普洛夫斯特评价法计分示例表"第4行第2列栏目，可找到"–10–（–5）"栏所对应的"评价等级"为E，E就是被考核者的评价等级，如表5-7所列。

表5-7　普洛夫斯特评价法计分示例表

考核等级	考核评分标准									
	E–	E+	D–	D	C–	C	C+	B	B+	A
0	–12以下	–11–（–7）	–6–（–3）	–2–（–1）	0	/	/	/	/	/
1	–12以下	–11–（–6）	–5–（–3）	–2–0	1–2	3	/	/	/	/
2	–11以下	–10–（–6）	–7–（–2）	–1–1	2–3	4	/	/	/	/
3	–11以下	–10–（–5）	–4–（–1）	0–2	3–4	/	/	/	/	/
4	–10以下	–9–（–4）	–3–（–1）	0–2	3–4	5–7	8	/	/	/
5	–9以下	–8–（–4）	–7–0	1–3	4–5	6–7	8–10	/	/	/
6	–9以下	–8–（–3）	–2–0	1–3	4–5	6–8	9–11	12	/	/
7	–8以下	–7（–3）	–2–1	2–4	5–6	7–9	10–11	12–14	/	/
8	–8以下	–7–（–2）	–1–2	3–5	6–7	8–9	10–12	13–14	15	/
9	–7以下	–6–（–1）	0–2	3–5	6–7	8–10	11–12	13–15	16	17以上
10	–6以下	–5–（–1）	0–3	4–6	7–8	9–10	11–13	14–15	16–17	18以上

② 普洛夫斯特法的优点及缺点。

a.优点

● 评价方法简单，只需对项目和事实进行一一核实，并且可以回避考核者不清楚的情况。

● 避免考核者产生晕轮效应，受此效应的影响对被考核者做出不符合客观实际的评价。

● 可以进行员工之间的横向比较，较好地为发放奖金提供依据。

● 评价标准与工作内容高度相关，评价误差小，有利于进行行为引导。

● 执行成本很小。

b.缺点

● 评价因素/项目所列举的都是员工日常工作中的具体行为。无论如何，这种列举不可能涵盖工作中的所有行为。

● 设计难度大，成本高。

● 考核者无法对最终结果做出预测，可能会影响考评结果。

● 能够发现一般性问题，但无法对今后员工工作绩效的改进提供具体明确的指导，所以不是特别适合用来对员工提供建议、反馈、指导。

行为法是围绕员工的工作行为，来判定绩效好坏的一种评价方法，关键在于确定员工的行为与绩效的关联，行为的程度要与绩效的程度保持高度一致。因此难度较大，不适合对较复杂的工作进行评价。

5.2.2 特性考核法：建立分组模型，划分等级

特性考核法是指，在分析员工所表现出来的某些特性的基础上，以表现最为明显的那个特性作为考核对象的一种方法。比如，对企业的贡献度，对企业的忠诚度等，考核时会给每一项特性一定的分值，5分或10分，然后辅以"普通""中等""符合标准"等描绘性的词语，最后得出结果。

特性法可分为两种，评级量表法和等级择一法。

（1）评级量表法。把被考核者的绩效分成若干考核项目，每个考核项目设一个量表，由考核者根据一定的标准进行考核。涉及的考核项目及评定标准如表5-8所列。

评级量表法是一种量化考核，可将影响被考核者绩效的每一个因素反映出来，是一种非常全面的考核方法，常常被当作员工加薪、晋升的主要依据。

表 5-8 评级量表法考核项目及评定标准

考核内容	考核项目	考核衡量标准	评定
基本知识	知识面	具备职责范围所要求的基础知识和业务知识	A B C D 10 8 6 4
业务能力	理解力	充分理解上级的指示和圆满完成本职工作	A B C D 10 8 6 4
	判断力	充分理解上级的意图,正确把握,并能随机应变,恰当处理突发情况	A B C D 10 8 6 4
	表达力	具备现任职务所要求的表达能力,包括口头表达和语言表达	A B C D 10 8 6 4
	交涉力	能够与企业内外部人员自如交涉,具备使双方愉快合作、达成协议的能力	A B C D 10 8 6 4
	纪律性	严格遵守企业的各项制度,按时上下班、汇报工作等	A B C D 10 8 6 4
	协作性	充分考虑他人的处境,主动协助上级、下属做好工作	A B C D 10 8 6 4
	积极性	对于分配的任务能高效、高质量地完成,主动承担职责外的工作,具备挑战困难的能力,敢于勇于创新	A B C D 10 8 6 4
评定标准		权重分配(100 分为准)	合计分数
A 理想状态	A	80 分以上	
B 达到要求	B	70～80 分	
C 基本达到要求,略有不足	C	60～70 分	
D 无法达到要求	D	60 分以下	
评语			
考核人签字			

(2)等级择一法。通过对考核项目赋予一定的评级,然后进行划分,根据划分的标准对被考核者做出评价。比如,在评价某项考核项目时,可根据需要划分为若干个等级,A、B、C、D、E 等,而且每个等级都要事先确定明确的标准。详见如下。

① 对工作成绩的等级划分:

A——工作非常出色，从未出现任何差错；

B——工作成绩优秀，几乎没有出现差错；

C——工作达到标准，略有差错；

D——工作较差，差错比较多；

E——工作成绩特别差，经常出错。

② 对工作态度的等级划分：

A——工作热情高，责任心强；

B——工作热情比较高，责任心比较强；

C——责任心还可以，但很难说认真负责；

D——有时表现不负责任；

E——缺乏工作热情，凡事不负责任。

在考评内容的设置上，这种方法与量表法有异曲同工之妙，只是在表示方法上有所差异。没有进行评分，取而代之的是采用一些富有等级含义的描述。

特性法的缺点是，完全靠考核者的主观判断和心理感觉去考评，主观意识比较重，很多时候有模糊不清或者没有确切定义的地方，因此无法有效地给予行为引导，无法对被考核者提出具体的反馈。

5.2.3 比较考核法：两两比较，局部比较

比较法是通过被考核员工绩效的比较而得出绩效结果的一种方法，这种方法得出的是相对绩效，并不是绝对绩效，是确定该被考核员工在企业，或部门中的相对位次，目的在于找出企业或部门中最好与最差的员工，而无法精确评价被考核者的实际绩效与贡献。这种考核法多应用于员工奖惩、晋升等方面。

根据比较的形式又可分为以下3种，即个体排序法、序列比较法、两两比较法。

（1）个体排序法。个体排序法是指，将被考核员工的绩效，按从优到劣的顺序进行排位。对被考核者进行排位的方式具体有两种，分别为简单排序法、交替排序法。

① 简单排序法。是按被考核者的绩效高低，或其他标准（工作职责、工作权限、岗位资格、工作条件、工作环境等）从高到低地直接排列出来的一种方法，如"1、2、3、4……"。这种方法操作简单，但由于随意性较大，运用范围比较小。通常仅适合考核的初级阶段，或考核量特大、考核人数特多的情况。

该方法也应用在工作评价上，由负责工作评价的人员，根据其对企业各项工

作的经验认识和主观判断，对各项工作在企业中的相对价值进行整体的比较，并加以排队。如果考核的要素较多，一般还需要综合考虑各项因素，权衡各项工作在各项因素上的轻重程度。

② 交替排序法。先列出需要考核的员工，从中挑选出绩效最优者和最差者，最优者排第一，最差者排最后；然后再在剩下的人员中挑选出最优者和最差者，分别第二和倒数第二，按照此操作反复进行，直到全部排完，最后可得到完整的排序。

举个例子：某部门总共8人；从名单中找出最好和最差的员工A、E，分别记作1和8；接着从剩下的人中再找出相对较好或较差者，以此类推；最后剩下4和5，具体如表5-9所列。

表5-9　交替排序考核法示意表

姓名代码	序号	姓名代码	序号
A	1	B	8
B	2	G	7
C	3	H	6
D	4	F	5

（2）序列比较法。序列比较法是指，在考评之前，首先要确定考评的模块，但不规定所要达到的工作标准。在最后把所有人放在确定考评的模块中进行比较，将每位员工几个模块的排序数字相加，就是该员工的考评结果，如表5-10所列。

表5-10　绩效考核序列比较法示例

姓名		部门				日期		
评价项目	评分标准							
	甲		乙		丙		丁	
	标准描述	标准评分	标准描述	标准评分	标准描述	标准评分	标准描述	标准评分
积极性								
责任感								
团队精神								
解决问题的能力								
工作态度								
得分								

序列比较法可以避免考核结果过宽或过严，缺点是这是一种在某范围之内的相对比较法，超越该范围则失去比较的意义。再加上有些考核者过于注重层次的划分，缺乏灵活性，从而忽略了某些优秀被考核者的实际绩效。比如，有的部门员工绩效整体高于企业平均水平，如果必须强制安排在某个区域内，那么业绩优良的员工无法获得更公平、客观的等级评定。

因此，这种方法只是针对某个范围之内，不可大范围推广。比较法整体上来讲要求较低，操作简单，容易接受和广泛使用，可为考核提供直观的结果。但其缺点也很明显，即考核的可靠性和有效性比较差，自然无法完全反映被考核者的绩效。

（3）两两比较法。两两比较法与序列比较法差不多，它也是对相同职务员工进行考核的一种方法。但是它是对员工进行两两比较，任何两位员工都要进行一次比较。

具体是指，将每位被考核者与群体其他成员分别进行一对一比较。如甲与乙相比，甲好，乙次之，那么甲就记作为"+"，乙记作"-"；甲与丙比，甲好，甲记作"+"，丙记作"-"。当把所有的被考核者进行一一比较之后，计算每位被考核者得"+"的数量，按照"+"的数量进行排序，"+"得的越多越优秀，具体方法如表5-11所列。

表 5-11　两两考核法示意表

被考核者	A	B	C	D	+的个数
A	−	−	+	+	2
B	+	+	+	−	3
C	+	+	+	+	4
D	+	+	−	+	3

这种方法最大的优点是考核比较彻底，结果比较客观，更接近考核者的实际绩效；缺点就是操作起来较复杂，耗费时间较长，因此比较适合考核人数较少、规模较小的企业或部门。

5.2.4　360°考核法：对中层考核的重要方法

360°考核法是一种最常见的绩效考核方法，其特点是评价维度多元化，通常是4或4个以上考核维度。因此，该方法又叫全方位考核法，是指通过被考核员工自己、上级、同级、下级、顾客等不同主体的意见，来了解其工作绩效的一种考核方法。

这种方法通常适用于对中层及中层以上人员的考核。因为只有身为企业中层，才有更多与之相关的评价者，既有上级又有下级，既有同级又有顾客，可更好地实现全方位考核。因此，考核者在对中层进行考核时，如果想知道他人对被考核对象是怎么评价的，与自己的评价是否一致，最好的方法就是使用360°考核法，如图5-7所示。

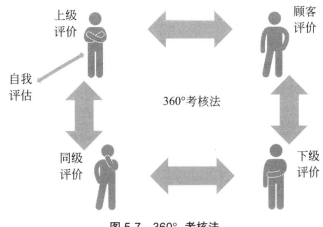

图 5-7　360°考核法

（1）上级评价。上级是指被评价员工的直接上级、主管或部门经理，在整个信息体系中，来自上级的评价信息往往是最不可缺少的，因为对于下属的表现，直接上级比任何人都更了解，最具有发言权。因此，从被评价者上级那儿获取的信息无疑是最可靠，最值得相信的。

这种考核方式的弊端在于上下级之间的隶属关系，由于这层关系的存在往往导致绩效沟通得不够彻底。比如，下属心理负担较重，会导致上级的评价失真；或者下属对上级有偏见，更无法保证面谈的公平、公正。

（2）同级评价。同级往往是与被评价者朝夕相处的人，观察得最深入、了解得最透彻。也是最熟悉被评价者工作状况的人。因此，同事评价的优势也是不言而喻的，最大优点在于能够全面、真实提供信息。

不可否认，这种途径也有其弊端，即正因为同事之间易于沟通、了解较深，致使同事之间往往产生利益冲突，从而导致主观上不愿意与自己平起平坐的人获得更高的评价，存在故意打压的嫌疑。

（3）下级评价。下级评价是针对高层或中层领导而言的，运用的不多，即使在欧美等企业中亦是最近10年来的事情。尽管是新生事物，但这对企业民主作风的培养、企业凝聚力的提高起着重要作用。在美国，通用电气、杜邦等大型公司纷纷引入了下属评价体系，取得了良好效果。

下属评价的优点主要在于：能够帮助上级发现问题，促使上级完善领导才能。同时，还可以起到权力制衡的目的，下属评价相当于一种监督，使上级在工作中受到有效监督，不至于产生独裁倾向。

目前，由于这种方式尚未发展完善，也存在不少弊端。比如，上级并不真正重视下属的意见，即使承诺改错，也只是口头说说而已，并没有真正付诸行动；下属对上级的工作，不可能有全盘的了解，为了避免报复，下属故意夸大上级的优点，隐匿不满等。

（4）顾客评价。顾客评价是一个重要的信息来源，由于客户是外部人员，与被考核者没有直接的利益关系，因此很少受利益的左右，因此，评价会更加真实、公正。但由于是一种比较难控制的方式，缺点也很明显，主要表现在以下两点：

① 没有统一标准。由于每位被考核者接触的客户是不同的，不同客户的评价又有所不同，因此，很难有统一的标准。

② 难以控制，效率低下。由于客户不属于企业内部人员，因此很难用企业的行政命令、制度进行约束，或者限时完成评价。

（5）自我评价。这是自我意识的一种形式，是被考核者对自己思想、愿望、行为和个性特点进行的判断和评价。俗话说，自己是最了解自己的人，同时也是最不了解自己的人，因此这种方式是非常有争议的，一切都需要建立在被考核者对自己有正确而客观认识的基础上。

因此，自我评价优缺点都很明显，优点是增强自我参与意识；更有利于自我改善，自我提高。同时，由于与其他人没有任何利益瓜葛，也是最容易体现真性情的方式，得到的信息往往是最客观、最真实的。

自我评价的劣势在于如果对自己没有一个客观、正确的认识，评价往往会倾向于高估自己，与上级或同事评价产生较大差异。

（6）具体方法为：

① 选择与被考核员工有联系的评价者。在选择与被考核员有联系的评价者时，通常需要注意三点，第一，每组至少选择3人，最高不限，如果某类评价者（如下级）少于3人最好必须归入其他类，不得单独以下级评价的方式呈现评价

结果。第二，需要对被选拔的评价者进行适当的训练和指导，以让他们明确如何提供反馈和评价。第三，除上级评价外，其他几种类型的评价最好是采取匿名的方式，必须严格维护填表人的匿名权以及对评价结果报告的保密性。大量研究表明，在匿名评价的方式下人们往往愿意提供更为真实的信息。

以上3点关键信息如表5-12所列。

表 5-12 评估信息

评估者	上级	同级	下级	顾客
评估方式	公开	匿名	匿名	匿名
评估人数	至少3人，少于3人不再单独分组			
评估方法	讲座、问卷测试、个别辅导			

② 确定考核的内容。考核内容主要包括跟企业价值观、工作有关的各项内容，当然也需要根据考核目标有所侧重。如考评目的是了解领导人员的训练需求，就必须先制定出一位优秀的领导人所必须具备的职能需求，可能是分析能力、沟通能力、发展部属才能等，也可能是个人影响力、创新能力等。每家公司所要求的领导能力不同，因此这一步骤大多是根据公司的具体状况量身定做。

职能确定后，再根据每项职能分析其具体行为，以分析能力为例，其行为就是辨别事件的因果关系；搜集不同的资料，了解问题；归纳不同的资料，作出逻辑的结论等。

③ 实施360°反馈评价。反馈评价是很重要的环节，该让什么人知道考评的结果，与当事人讨论评价结果时如何控制其情绪，如何达成共识，拟定下一步计划等，这些都需要讲究技巧。

为此，在考核阶段需要对过程加强管理，如从问卷的开封、发放、宣读指导语、疑问解答、收卷以及加封保密等，每个环节都需要实施标准化管理。否则，所得出的结果也是无效的。

④ 针对反馈问题制订计划。针对反馈的问题，考核部门应制订详细的计划。具体计划可由企业考核部门制订，可以请第三方咨询公司协助。第三方咨询公司在数据处理和结果报告上可能更为客观，并能提供通用的解决方案。

与第三方咨询公司合作的优点在于，打破了传统的自上而下的考核制度，能够比较全面、客观地做出评价，得出公平公正的评价结果。

如以往考核者在考核时可能受到各种因素的影响。而有了第三方咨询公司的参与，这种情况可被避免。同时，通过多维度的反馈可以促进被考核者提升自身能力，有利于团队沟通和凝聚力的建设。

缺点在于，由于评价工作量比较大，考核成本高、难度大。因此，在与第三方咨询公司合作时，企业的人力资源部门应当尽可能在评价中占据主导地位。

第 6 章

薪酬体系设计：基于绩效的薪酬体系设计实操

薪酬体系是一个复杂的体系，由一系列规章制度，条例细则、实施办法、方案构成，本章详细阐述了薪酬体系设计的应遵守的原则、如何做好市场调研工作，以及设计的步骤和依据。

6.1 薪酬体系设计的原则

薪酬设计是一项原则性非常强的工程。薪酬体系设计的原则通常有5个，如图6-1所示，下面以企业常用的岗位绩效工资制定为例进行详细阐述。

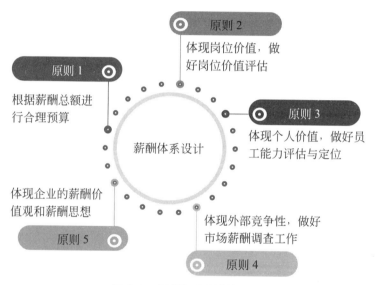

图 6-1　薪酬体系设计的原则

（1）原则1.根据薪酬总额进行合理预算。任何企业都会关心"到底按什么样的比例来给付薪酬是比较合理的"，通过历史数据推算法、损益临界推算法、劳动分配率推算法等工具可以帮助企业确定年度薪酬总额，进而确定在市场薪酬中的定位，是采用领先策略还是采用跟随策略。

公司运营盈利后，根据制定好的方法划出薪酬总额，再把薪酬总额分解到各个部门。这时，每个部门薪酬总额，每个岗位的年收入状况等就会非常明确。

（2）原则2.体现岗位价值，做好岗位价值评估。这一环节有两项工作要做好，第一项是工作分析与岗位设计，第二项是岗位价值评估。工作分析是对完成工作所需知识、技能和责任的定位。它是一种重要的人力资源管理工具，是薪酬设计不可或缺的基础。

在完成了工作分析之后要进行组织设计、层级关系设计和岗位设计，并编写岗位说明书。岗位说明书对有关岗位在组织中的定位、工作使命、工作职责、能力素质要求、关键业绩指标以及相关工作信息进行书面描述。

第二项是岗位价值评估，岗位价值评估是确保薪酬系统实现公平性的重要手段，其目的有两个：一是比较企业内部各个职位的相对重要性，得出职位等级序列；二是为外部薪酬调查建立统一的职位评估标准。常见的岗位评价方法有因素法和点数法，如国际标准职位评价系统（ISPES）、海氏职位评估系统、美式职位评估系统等，无论运用哪一套标准都能得出职位等级序列。

（3）原则3.体现个人价值，做好员工能力评估与定位。理论上用能力素质模型比较专业，它从胜任岗位工作的角度出发，全面界定完成某一岗位职责所需要的能力素质要求。但企业要建立自己的能力素质模型有一定的难度，在实际操作上可以简化，采用显性的因素评定法，如学历、专业、工作经验、技能、素质等，企业可以根据实际情况确定相关因素。这一环节有三个目的：一是判断某一员工是否胜任该岗位；二是判断该员工对该岗位的胜任程度；三是完成对该员工的薪酬定位。

（4）原则4.体现外部竞争性，做好市场薪酬调查工作。通过各种正常的手段获取相关企业相关职务的薪资水平及相关信息后，进行统计和分析，为企业的薪酬决策提供有效依据。薪酬调查的对象，要选择与本企业有竞争关系的公司或同行业的类似公司，重点考虑员工的流失去向和招聘来源。调查的数据包括上年度的薪资增长状况、不同薪酬结构对比、不同职位和不同级别的职位薪酬数据、奖金和福利状况、长期激励措施以及未来薪酬走势分析等。

（5）原则5.体现企业的薪酬价值观和薪酬思想。一般情况下企业往往要综合考虑四个方面的因素：一是层级，二是个人的技能和资历，三是个人绩效，四是津贴福利。在薪酬结构上分别设计为岗位工资（含基本工资、绩效工资）与薪酬福利。岗位工资由职位等级（岗位价值评估）决定，它是员工工资的主要决定因素。岗位工资是一个区间，不是一个点。

相同职位的不同员工由于在技能、经验、资源占有、工作效率、历史贡献等方面存在差异，导致他们对公司的贡献并不相同，因此在岗位工资的设置上应保持差异，即职位相同，岗位工资未必相同。这就增加了工资的灵活性，使员工在不变动职位的情况下，随着技能的提升、经验的增加而在同一职位等级内逐步提升工资等级。

绩效工资占岗位工资的一定比例，至于比例的大小企业可以根据实际情况确定，追求弹性绩效工资的比例可以大些，追求稳定性绩效工资的比例可以小些。

这部分工资和员工的绩效完成情况挂钩。绩效工资的形式多样化,可以体现为月度绩效、季度绩效、年度绩效等。此外,还可设置岗位工资的绩效工资,如年终奖励、股份期权等。

6.2 调研:薪酬体系设计的前提工作

薪酬体系设计会受到行业、市场等外部因素的影响,因此,制定一套科学、合理的薪酬体系前提是做好调查工作。所谓没有调查就没有发言权,不经过充分的调查,制定出来的薪酬体系很难符合企业利益和员工利益。

案例1

某外资企业进入中国后,为了有效发挥薪酬的激励功能,根据当地的薪资水平、同行业薪资现状,对自己的薪酬体系进行了调整。对骨干员工采用高薪,对普通员工采用与市场持平的政策。

为了获得准确的市场信息,HR经理进行了彻底的行业薪酬调研,采用的是行业中几家同等级的数据,并对几家同行业、同水平企业的多种薪酬数据,进行了精确分析。

于是该企业决定给20%的高管和技术人员发放相当于同级别的120%薪酬,给其他80%的员工发放与市场水平相当的薪酬。所有员工的薪酬构成包括基本工资、奖金、津贴和福利4部分。经过调整,管理人员和员工的工资差别较小,具有很强的平均主义的色彩。奖金是公司根据员工绩效确定的,经过考核后,薪酬政策比较强调内部均衡。该项薪酬政策实施后,获得了比预期更好的效果。

可见,在制定薪酬制度前,需要详细了解行业、岗位的薪酬情况,包括高限、中限、低限,然后同本企业薪酬水平相比,找出差距。那么,什么是薪酬调研，以及如何做好这方面的工作呢？

薪酬调研就是通过各种正常的手段获取相关企业各职务的薪酬水平及相关信息。为确保企业薪酬的竞争能力，为公司薪酬理念和薪酬系统的制定提供依据，对外部劳动力市场的薪酬水平、行业公司薪酬水平、地区公司薪酬水平进行必要的调研是不可或缺的。

在具体做法上需要从以下3个方面入手，如图6-2所示。

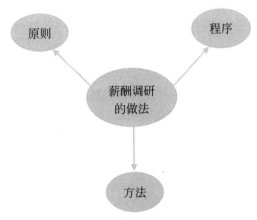

图 6-2　薪酬调研的做法

6.2.1　薪酬调研的原则

进行薪酬调研，目的是找出差距，提高整体水平，使薪酬更合理化、科学化、公平化。必须遵守公正性、公平性和竞争性的基本原则。

（1）为了保证公正性原则，需要进行岗位调查、岗位分析和岗位评价，并将其结果作为薪酬制度制定的主要要素之一。

（2）为了保证公平性原则，需要对员工进行全方位的考评，并将其结果作为薪酬制度制定的主要要素之一。

（3）为了保证竞争性原则，需要调查同类企业、不同企业同一职位的薪酬情况，并将结果作为薪酬制度制定的主要要素之一。

6.2.2　薪酬调研的流程

在坚持原则的基础上，薪酬调研工作也需要按照一定的流程进行，先做什么后做什么都有着约定俗成的做法,如图6-3所示。

图6-3 薪酬调研的程序

(1)确定调研目的。薪酬调研的目的是为制定薪酬政策、提高薪酬水平、调整薪酬结构,以及制定特殊岗位薪酬等提供依据。因此,在展开调查前,必须先有明确的目的,明确了目的才能进一步确定调查的范围和调查方法。

(2)确定调研范围。调查范围一般有两大方面,一是同行业企业的薪酬情况;二是行业内相同职位的薪酬情况。

选择同行业企业薪酬调研范围的具体条件如下:

① 在劳动力市场上有竞争可能,实力等于或大于自己的企业;

② 在同行业或市场中处于领导地位,尤其是薪酬制度影响力大的企业;

③ 薪酬与消费物价指数等主要经济指标挂钩的企业;

④ 员工较多、人力资源管理完善、职能划分明确、薪酬制度完善、管理规范的企业。

选择企业内相同职位调研范围的具体条件如下:

① 与本企业职务类别、性质相同,工作内容相似;

② 具有代表性的主要职位或基准工作;

③ 职位内容相对稳定;

④ 职位能代表当前所研究的完整的职位结构;

⑤ 职位供求相对稳定,雇用较多的人员,且最近不会有大的变化。

当然,这些条件并不要面面俱到,而是要根据调查目的和实际情况而定。

(3)确定调研内容。确定调研内容,就是要确定应搜集的信息类型,一般来讲,与薪酬有关的信息有以下3类:

① 与企业有关的资料,主要包括企业基本情况、企业财务状况、企业规模、企业结构等方面的情况和数据;

② 与薪酬制度、体系有关的资料,主要包括现金薪酬形式、非现金薪酬形式等方面的情况和数据;

③ 与职位有关的资料,主要包括工作类别、职位描述、员工要求以及员工

实际薪酬等方面的情况和数据。

（4）确定调研方式。调研方式也是多种多样，比如，通过行业协会调查、委托中介机构调查、利用媒体信息，或者企业自行调查等。

无论哪种方式，都需要企业HR部门协助进行，HR经理根据企业的实际需求和当前的条件做出综合性的选择，多种方式同时进行，以使得出的数据更准确，更接近真实。

同时，还需要对调查的数据进行整理、分析，选出真实性、有代表性的数据，必要时候可作出适当的调整和补充。然后，在此基础上撰写出调查报告。

6.2.3 对调研的资料、数据进行分析

分析是调研的继续，因为通过调查得到信息不一定全部符合要求，必须经过整理筛选、论证分析，进一步取舍。

（1）甄别信息的真实性和可靠性。不同渠道得到的信息，其真实性和可靠性是有所差异的，一般来讲，官方的、专业的机构更可信些，具体如表6-1所列。

表6-1 不同渠道获取信息的真实性对比表

	信息来源	优势	劣势
1	顾问机构	可靠性最强，准确度最高	成本较高
2	政府部门	可靠性最强，准确度最高	开发难度较大
3	行业协会	可靠性强，准确度高	信息有限
4	人力资源部门内部	可靠性强，准确度高	信息面较窄，尤其是同行业竞争对手的信息严重不足
5	企业内部人员	可靠性比较强，准确度比较高	稳定性差
6	离职人员	可靠性比较强，准确度比较高	员工的不配合
7	新加入的人员	可靠性比较强，准确度比较高	虚假信息较多
8	社会其他人员	涉及面广，可最大限度地获取信息	信息繁杂

（2）对数据进行整理分析。在甄别信息真实性后，接下来就要对这些信息进行归类分析，找出其中的规律。在整理分析时需要做以下工作：

① 分析薪酬的最高值、最低值和平均值，以便与相关企业进行比较，了解

本企业薪酬竞争力；

② 分析薪酬的结构特点、薪酬等级分布特点，了解本企业薪酬的重点何在，与薪酬目的是否吻合；

③ 分析薪酬总量及其各层次的变化趋势，了解本企业薪酬的变化方向，判断这种变化方向是否符合薪酬设计的意图；

④ 了解员工的薪酬满意度，对薪酬的激励作用作出判断。

通过以上分析就可以得出，为使该企业薪酬制度更加合理，提高企业员工的福利待遇和对外竞争力，高效地进行薪酬管理，做好薪酬调研工作是非常重要的环节，不可忽视。

在薪酬数据分析的基础上，还需要撰写薪酬调研报告。薪酬调研报告包括四大部分：第一部分简要总结调查过程；第二部分分析调查情况；第三部分对薪酬调研进行评价。第四部分依据薪酬调研和薪酬分析的结果，提出薪酬调整改进的建议。

6.3　步骤：薪酬设计的6个步骤

要设计一个科学合理的薪酬系统，一般要经历6个关键步骤：工作分析、职位分析、岗位评估、员工能力评估、结构设计和薪酬系统实施。

6.3.1　工作分析

工作分析是确定完成各项工作所需知识、技能和责任的系统过程。它是一种重要的人力资源管理工具，工作分析是薪酬设计不可或缺的基础。

一般来说，工作分析主要内容有岗位基础信息分析、工作任务分析、岗位职责分析、工作环境分析、结果领域分析、素质要求分析等，具体内容如表6-2所列。

工作分析的方法很多，但常用的主要有问卷调查法、面谈法、观察法、工作日志法等。在实际运用中，可以采用几种方法相互配合进行。

表 6-2　工作分析具体内容

序号	内容	解释
1	岗位基础信息分析	岗位名称、类别、所在部门、直属上级、下属人数以及岗位存在的意义
2	工作任务分析	工作任务的性质、对象、内容、形式，工作任务分析步骤，完成该工作的人员配备、设备配备以及其他投入
3	岗位职责分析	岗位责任大小、重要程度，与其他岗位的关系、在公司中的地位和作用，以及对公司的贡献
4	工作环境分析	企业及员工健康卫生状况，以及造成该结果的影响因素分析
5	结果领域分析	岗位工作所形成的结果分析
6	素质要求分析	完成该岗位工作所应具备的知识、经验、职业素养、身体状况等分析

6.3.2　职位分析

职位分析是薪酬设计的基础，是指评价人员根据岗位价值模型的评价标准，将各岗位对企业的贡献进行分析和量化评估的一种管理活动。其目的有二：一是比较企业内部各个职位的相对重要性，得出职位等级序列；二是为外部薪酬调查建立统一的职位评估标准。

由于岗位价值评估工作的公平性、公正性和客观性会对整个薪酬系统的质量带来直接影响，因此，企业在进行岗位价值评估工作时，要做好充分的准备工作，并遵循合理的操作程序。具体流程如图6-4所示。

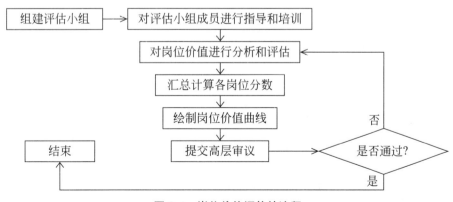

图 6-4　岗位价值评估的流程

6.3.3 岗位评估

岗位评估重在解决企业薪酬的公平性问题。通过比较企业内部各个职位的相对重要性，得出职位等级序列。岗位评价以岗位说明书为依据，方法有许多种，企业可以根据自身的具体情况和特点，采用不同的方法来进行。

6.3.4 员工能力评估

按照能力对员工进行能力素质评估，是判断员工在该岗位上能否胜任或判断胜任程度的重要手段。对员工进行能力素质评估有3个目的：一是判断某一员工是否胜任该岗位；二是判断该员工胜任该岗位的程度；三是完成对该员工的薪酬定位。

对员工的能力进行评估有个最基本的模型，尽管不同企业有所不同，但大多数模型都包含以下几个基本要素：知识、经验、技能和职业素质，同时根据企业实际情况、未来发展战略要求，对不同类型的人员采取不同的能力评估，从而根据不同能力制定不同的薪酬类别。

员工能力模型是一个员工综合能力的体现，同时又有所侧重，根据知识、经验、技能和职业素质的比重分配，一般有4种类型，如表6-3所列。

表6-3 员工能力模型的类型

序号	类型	适用对象
1	核心能力模型	适用企业中部分关键岗位、核心岗位的员工
2	职业能力模型	适用于整个企业所有员工，常常与组织价值观、愿景等保持一致
3	角色能力模型	用于在一个组织中的某些人所扮演的特定角色，比如技师、经理等
4	职位能力模型	适用范围比较狭窄，只适用于单一类型职位的员工

6.3.5 结构设计

薪酬价值观和薪酬思想反映了企业的分配哲学，即依据什么原则确定员工的薪酬。不同的企业有不同的薪酬价值观，不同的价值观决定了不同的薪酬结构。

企业在设计薪酬结构时，可按照基本工资、绩效工资、加班工资和薪酬福利进行自由组合。基本工资由职位等级决定，它是一个人工资高低的主要决定因素。基本工资是一个区间，而不是一个点。相同职位的不同员工由于在技能、经验、资源占有、工作效率、历史贡献等方面存在差异，导致他们对公司的贡献并不相同，因此在基本工资的设计上应有差异，即职位相同，基本工资未必相同。

薪酬的结构反映了企业关注的内容，因此采取不同的策略、关注不同的方面就会形成不同的薪酬构成。另外，企业在设计薪酬结构时，还应该综合考虑多方面的因素，具体包括五个，如图6-5所示。

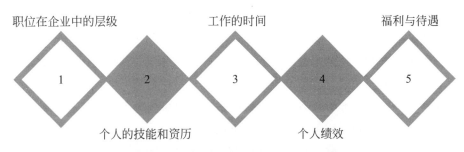

图 6-5　设计薪酬结构应考虑的其他因素

6.3.6　薪酬系统实施

设计完整的薪酬系统后，采取什么样的方法和步骤来实施薪酬系统，是事关薪酬系统能否成功改革非常重要的一个因素。那么，有效实施薪酬系统的步骤是什么呢？如图6-6所示。

图 6-6　薪酬系统实施的 5 个核心步骤

（1）第一步：薪酬套算。按照市场调研的薪酬数据和内部薪酬预算的资料，套算出每个员工的薪酬数据，包括：标准年薪、月基本工资、变动工资、月标准奖金、年末标准奖金、福利构成及标准等。

（2）第二步：全员培训。没有员工的理解和支持，要取得薪酬系统的有效实施，几乎是不可能的。企业应通过全员培训、座谈和各种宣传活动等，将薪酬改革的理念、思路、工具与方法、远景传递给员工，取得员工最大限度的理解和支持。

（3）第三步：过渡实施。一般来讲，在启用新的薪酬系统前，应进行新旧薪酬系统的并轨运行，这样做的主要目的是保持员工心态的稳定，让员工能有一个心理舒缓、认可和接受的过程，使旧薪酬系统能顺利过渡到新的薪酬系统。

一些企业会用23个月的时间来完成新旧薪酬系统的交替过渡。在这个过渡过程中，采用薪酬"就高不就低"的原则，即员工在旧的薪酬系统的工资比新的薪酬系统中的工资高时，继续沿用以前的高工资，在新的薪酬系统工资高时，采用新的高工资。完成过渡期后，全部按照新的薪酬系统实施。

（4）第四步：修正完善。在前几个推进步骤中，可能会发现薪酬系统中局部存在的一些不合理的问题，在正式实施前，应对这些问题进行分析和改进，使薪酬系统更加完善。

（5）第五步：正式实施。颁布新的薪酬福利制度，进入正式实施阶段。

总之，薪酬体系设计必须根据企业的实际情况，并紧密结合企业的战略和文化，系统全面科学地考虑各项因素，并及时根据实际情况进行修正和调整，才能充分发挥薪酬的激励和引导作用，为企业的生存和发展起到重要的制度保障作用。

6.4 依据：薪酬设计应符合的6个事实

前面介绍了薪酬体系设计的原则和步骤，但这仍停留在理论层面，远远解决不了实际问题。那么，在具体实践中又该怎么做呢？需要依据事实，实事求是，这里事实包括很多，主要体现在6个方面，如图6-7所示。

图 6-7　薪酬设计依据的 6 个事实

（1）企业发展战略。企业的薪酬制度必须与发展战略联系在一起，这是必须遵循的基本规则。战略决定一个企业的雇佣对象和雇佣规模，如果不联系在一起，给谁发工资，发多少工资就是一个问题。

（2）岗位价值。岗位价值，是指每个岗位的工作价值，即每个岗位的相对重要性，或每个岗位对企业业绩的相对贡献度。因此，此处的价值是一个相对价值，或"可比价值"，目的是将付薪建立在更为宽广的基础上，让其更公平。

（3）企业人力资源成本。企业的人力资源成本，一方面受人力资本的投入产生的价值、带来的利益的影响，另一方面也决定员工的生产能力、公司的资本结构、用于再投资的金额、经济状况和竞争能力等。"企业人力资源成本"是很难下定义的，企业人力资源成本到底多强，也很难测算。因此，"企业人力资源成本"确定的问题，常常需要员工与公司管理层通过协商合作来解决。

（4）相关岗位人力需求情况。企业中不同岗位在当地人力市场的情况，主要是指人力市场上各职种的薪酬水平情况。市场薪酬水平是通过薪酬调查确定的。

（5）员工能力。员工的能力是指员工具备的工作技能和与工作相关的知识。随着知识经济时代的到来，员工的能力对企业业绩的贡献越来越受到关注。员工的能力也是一个相对概念。

员工的相对价值，通常根据员工的职务达成能力或职责掌握能力来确定，员工相对价值确定的手段是绩效考核与技能鉴定。

（6）当地最低工资标准。当地最低工资标准规定了当地员工维持一定生活水平所需要的生活费。企业在考虑生活成本时，可将之作为一个参考。2020年全国主要省市月最低工资标准，如表6-4所列。

表 6-4 2020 年全国主要省市月最低工资标准

地区	月最低工资标准			
	第一档	第二档	第三档	第四档
北　京	2200			
天　津	2050			
河　北	1900	1790	1680	1580
山　西	1700	1600	1500	1400
内蒙古	1760	1660	1560	1460
辽　宁	1810	1610	1480	1300
吉　林	1780	1680	1580	1480
黑龙江	1680	1450	1270	
上　海	2480			
江　苏	2020	1830	1620	
浙　江	2010	1800	1660	1500
安　徽	1550	1380	1280	1180
福　建	1800	1720	1570	1420
江　西	1680	1580	1470	
山　东	1910	1730	1550	
河　南	1900	1700	1500	
湖　北	1750	1500	1380	1250
湖　南	1700	1540	1380	1220
广　东	2100	1720	1550	1410
其中：深圳	2200			
广　西	1810	1580	1430	
海　南	1670	1570	1520	
重　庆	1800	1700		
四　川	1780	1650	1550	
贵　州	1790	1670	1570	
云　南	1670	1500	1350	
西　藏	1650			
陕　西	1800	1700	1600	
甘　肃	1620	1570	1520	1470
青　海	1700			
宁　夏	1660	1560	1480	
新　疆	1820	1620	1540	1460

注：本表数据时间截至 2020 年 3 月 31 日。

第 7 章

薪酬结构：做好薪酬体系主体框架的构建

薪酬体系一定是有某种结构的，比如，高稳定性薪酬结构，富有弹性的薪酬结构。薪酬结构即薪酬的基本框架，设计薪酬体系必须先构建一个大致的框架，这就像盖房子，先把主体框架搭建起来才能去添砖加瓦，只要框架搭建好了添砖加瓦就会容易得多。

7.1 薪酬结构的构建方法

薪酬框架是薪酬设计的基础，科学有效的薪酬框架可使管理更规范，对薪酬设计更有指导意义，同时，也有利于员工发挥出更多的潜能，为企业创造更大的经济效益。因此，企业必须拥有一套适合自身发展的薪酬框架。

在薪酬框架构建过程当中，HR经理充当着总设计师的角色。那么，HR经理如何来制定框架呢？通常可采取以下5种方法。

7.1.1 岗位等级法

岗位等级法是根据岗位高低、大小、重要性而决定薪酬的一种方法，通常适用于中小企业。比如，某企业将岗位等级分为4个层次，那么，相应的薪酬也就有4个档次，如表7-1所列。

表 7-1 岗位等级法

等级	岗位	职务	薪酬/元
第一级	高级管理层	总经理及副总经理	12000
第二级	中级管理层	部门经理	8000
第三级	基层管理层	主管	5000
第四级	无	操作工、搬运工、一线工人	3000 及以下

这种方法的优点是简单易行，只要将所有岗位划分为几个等级即可。缺点是容易出现一刀切的现象，无法很好地激励员工。因此很少单独使用，最好与奖金制、提成制结合使用。

7.1.2 岗位分类法

与岗位等级法类似，这种方法是把岗位分成若干个类型，然后根据岗位类型来确定工资等级，适用于岗位类型单一，或者岗位类型比较少的企业。如某工厂主要分为管理部门、技术部门和一线工人，那就可以这样分，具体如表7-2所列。

表 7-2 岗位分类法

等级	管理岗位	技术岗位	一线操作工
第一级/元	10000	10000	3000
第二级/元	8000	5000	2400
第三级/元	5000	3000	1800

7.1.3 因素比较法

因素比较法，指是忽略岗位、职位的限制，仅仅以影响薪酬的某些因素为衡量标准，运用这些可比较的因素来决定薪酬。具体方法如下。

（1）选择可比较的因素。可选择的因素通常有4个，分别为心理因素、技能知识、生理状态、工作条件等。

（2）将确定的因素与具体的工作联系起来，结合工作描述与工作说明书进行评估。

（3）找出基准岗位。基准岗位是其他岗位能与之比较而确定相对价值的岗位，通常具有稳定性、大家熟悉、与市场工资有可比性，可参照的范围广。

（4）根据可比较因素确定薪酬范畴，依据每一个可比较的因素，来确定基准工资，以及相关工资的范围。

（5）列出因素比较表，根据各个因素在总工资所占的比例，计算出各岗位具体的薪酬数，如表7-3所列。

表 7-3 因素比较法

工资因素	技能知识	生理状态	心理素质	工作条件
100元		岗位1		岗位4
200元		岗位2	岗位1	
300元	岗位1	岗位4		
400元	岗位2	岗位3		
500元				岗位2
600元			岗位3	岗位3
700元				

续表

工资因素	技能知识	生理状态	心理素质	工作条件
800 元	岗位 4		岗位 4	
900 元			岗位 2	
1500 元	岗位 3			岗位 1
计算得出				
岗位 1	300+100+200+1500=2100（元）			
岗位 2	400+200+900+500=2000（元）			
岗位 3	1500+400+600+600=3100（元）			
岗位 4	800+300+800+100=2000（元）			

7.1.4 点排列法

点排列法是在因素比较法的基础上，将影响薪酬的各个因素以点数来表示，然后根据每个岗位所获得的点数来决定其薪酬。具体操作流程如下：

（1）确定关键因素。通常为技能、努力、责任、工作条件等；

（2）确定关键因素的子因素。如技能因素的子因素为受教育程度、经验、知识；

（3）确定每个子因素的等级。如每个子因素又可分为5个等级；

（4）规定每个子因素的等级标准；

（5）确定每一个子因素的权重。

以培训为例，受训人员在接受培训时对培训的内容接受程度不同，影响这种接受程度的因素有很多。其中，受教育程度是不可忽视的因素之一，这里将员工受教育程度分为5个档次，分别为1级初中生，2级中专生、高中生，3级大专生，4级本科生，5级研究生及以上。

在确定每个档次的工资时可按照表7-4进行。

（6）计算出每个岗位的点数，以一线销售人员和市场部经理最低工资为例进行计算，如表7-5所列。

表 7-4 点排列法确定法

关键因素	子因素	权重	1级	2级	3级	4级	5级
技能知识	受教育程度	15	15	30	45	60	75
	经验的积累	20	20	40	60	80	100
	知识的学习	10	10	20	30	40	50
生理、心理状态	生理条件	10	10	20	30	40	50
	心理素质	15	15	30	45	60	75
心理素质	对工作	5	5	10	15	20	25
	对企业	5	5	10	15	20	25
	对同事	10	10	20	30	40	50
	对客户	10	10	20	30	40	50
工作条件	工作条件	10	10	20	30	40	50
	工作环境	5	5	10	15	20	25
总点数		115	115	230	245	460	575

表 7-5 岗位点数分配法

关键因素	子因素	销售人员 等级	销售人员 点数	部门经理 等级	部门经理 点数
技能知识	受教育程度	1	15	5	75
	经验的积累	1	20	4	80
	知识的学习	1	10	3	50
生理、心理状态	生理条件	4	40	5	50
	心理稳定性	5	75	3	45
责任心	对工作	4	20	5	25
	对企业	3	15	5	25
	对同事	2	20	1	10
	对客户	5	50	4	40
工作条件	工作条件	1	10	1	10
	工作环境	1	5	2	10
总点数			280		420

（7）确定点距、级距、级范围和最低工资。

（8）画出工资结构图。

薪酬是员工利益的集中体现，只有充分体现员工的利益才能最大限度地被认可、被接纳。因此，薪酬制度的制定需要员工的配合和参与，员工可参与的有界定工作职责、岗位评估的集体评议、薪酬满意度调查、制定薪酬方案、意见的反馈等。

7.2 薪酬结构的4个基本要素

薪酬是企业支付给员工劳动报酬的一种形式，需要定期、定额地发放，但具体如何发放却令不少HR经理头疼。有的企业很吝啬，结果造成员工的不满，有的尽管很大气，但实际效果也并不好。薪酬的发放不能太抠门，也不能多多益善，而是要合理，发放不合理会产生一系列的问题。

薪酬不合理对员工的负面影响很大。所以，HR经理必须掌握薪酬体系构建要素。其实，所谓要素就是薪酬的类型，薪酬是个"集体"，里面包含直接报酬、间接报酬、奖金、福利、津贴，以及其他补助等。因此，要想解决好这个问题，作为薪酬总设计师的HR经理需要明确薪酬的概念和分类。

接下来，就来了解一下薪酬的概念和分类。前面我们提到过薪酬的组成部分分为基本薪酬（即本薪）、奖金、津贴、福利四大部分。薪酬还有狭义和广义之分，狭义上的薪酬，也就是我们经常所说的"基本薪酬"，仅仅是指与"劳动"有直接联系的工资。广义上的薪酬则是指与员工付出劳动有关的所有酬劳，包括除了基本工资外，还有奖金、福利、社保以及各种非物质报酬，比如参与企业的管理权、决策等权利。

狭义薪酬和广义薪酬之间的关系，如图7-1所示。

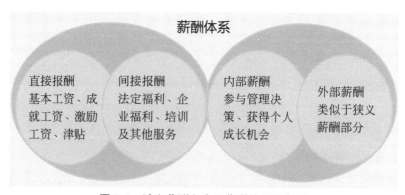

图7-1 狭义薪酬和广义薪酬关系示意图

7.2.1 狭义薪酬的分类

狭义薪酬主要由两大部分构成，一是直接薪酬，通常是指直接以货币形式发放的报酬，包括基本工资、加班及假日津贴、绩效奖金、股票期权等；二是间接薪酬，是指企业为预防员工发生的不测事件，或保障将来生活，提供的非货币形式报酬，比如，如疾病医疗、事故保险等。

（1）直接薪酬包括3部分

① 基本工资。企业定期支付员工完成所承担工作的现金薪酬，比如，月薪、年薪等。这部分薪酬是员工最基本的、最稳定的报酬，通常会随着经验、技能的增加、生活水平的提高而提高。基本工资是制订其他可变薪酬计划的基础和依据，因此，也是HR经理开发与管理的重要内容。

② 成就工资。是薪酬中与绩效直接挂钩的部分，是企业对员工已经取得的成就的认可，在基本工资之外另行增加的、定期支付的固定现金薪酬。这部分薪酬是随着员工业绩的变化而调整的，它与员工在企业中的表现和努力的程度息息相关。

这部分薪酬运用了"分成"的机制，并不是人人可享受得到，或享受的额度有很大差距，比如，奖金就是其中的一种，其数额可大可小，奖励频率可长可短，充分体现了激励薪酬的灵活性。不过，正是由于具有这种特性，其激励作用往往是巨大的。

③ 津贴、红利、股权等。津贴、股权等是员工工资的补充性收入，是一种对岗位具体条件和劳动的特殊内容（如业务出差、特殊工作条件）以及其他因素（如物价、住宿）的补偿性收入，通常与基本工资一起计发。

（2）间接薪酬：福利和保险。福利是企业为提高员工的生活水平，增加员工生活便利，而提供的额外特殊待遇。比如，提供的吃、住、行、用、休闲、娱乐等福利性待遇。多以非实物的形式发放，采取员工自愿参与的模式。

在企业的间接薪酬体系中，保险是不可忽视的一部分，它是为满足员工长期需求，或隐性需求而支付的一种报酬，具有一定的服务和保障功能。

7.2.2 广义薪酬的分类

广义薪酬可分为内在薪酬和外在薪酬两大类，如图7-2所示。

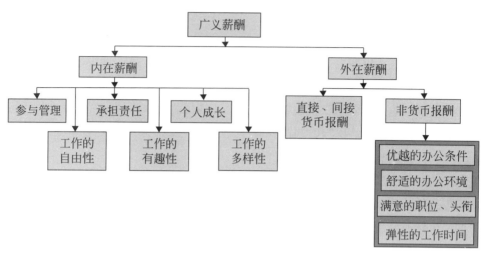

图 7-2 广义薪酬分配示意图

（1）内在薪酬。这部分薪酬产生于员工的工作本身，更多地体现为贡献度的大小，工作质量的高低。其作用是提升员工的个人价值感和成就感。包括参与决策的权利、更多的责任、更大的工作自由和权限、较有兴趣的工作、个人的成长机会和多样化的活动等。

可激发员工的主体意识，积极参与企业的活动，引导员工自我成长，以适应不断发展的工作需求。

（2）外在薪酬。外在薪酬类似于狭义薪酬，分类也基本相似，可分为直接薪酬、间接薪酬和非货币性薪酬三部分。其中直接薪酬、间接薪酬与狭义薪酬完全相同，唯一区别在非货币性薪酬这部分，所以，这里重点讲一下非货币性薪酬。

非货币性薪酬又称"非财务性薪酬"，是指员工所获得的来自企业或工作本身的，非货币形式支付的所有收获。如，企业提供的工作环境、安排的休假、对职业生涯的辅导，以及可带来满足和成就感等的其他收获。

7.3 各要素组合而成的3种薪酬结构

薪酬组合是由各种薪酬单元组成的，在薪酬的发放上，尽量避免以某种形式单个出现。一个完美的薪酬组合通常要含有三种模式，即固定薪酬（基本工资等)、浮动薪酬(绩效工资、奖金等)和福利、津贴等。

薪酬体系的组合要结合不同岗位的价值,要体现出员工对企业贡献度的大小,否则花了大钱也未必能收到预期效果。

案例1

某房地产销售公司的文员张某,平时只做些辅助性的工作,比如,为客户办理购房手续,为客户提供必要的服务等,每个月只领着2500元的固定工资。领固定工资,工作积极性小,因为干多干少一个样,很多事情总是能不办就不办,能少干就少干。

为调动张某的工作积极性,公司改制,将工资与业绩挂钩,除了有基本工资外,还增加一部分浮动工资。浮动工资按市场部的销售量来提成,市场部每卖出一套房子,张某就能提取一定比例的服务费。这种方案施行后,刚开始还很有效,时间一长又出问题了。张某为拿到更多的提成,光顾着服务大客户了,小客户全撂一边,招来一大部分小客户的投诉。

后来,公司再次改变其工资的模式,即不按销售套数来提成,而是满一定的数额才能拿提取。这样一来,就不会出现将客户分为三六九等了,她工作有了积极性,工作效率也上来了。

从这个案例可以发现,薪酬组合并不是想象的那么简单。一般来讲,薪酬是有不同模式的,即以什么为基础进行组合,比如,基本工资、激励工资,还是津贴和福利等。以不同基础建立起来的薪酬体系,其薪酬水平、薪酬结构和管理方式都会不同。因此,在进行薪酬组合之前,需要先明确薪酬的模式。

基本薪酬(即本薪)、奖金、津贴、福利四大部分,以不同比例组合在一起可形成多种薪酬模式。再加上,由于不同企业的基本工资、激励工资、津贴、福利各有特性,即使同一模式也有很大的差异。

各类型薪酬都有刚性和差异性的特性,刚性就是各薪酬类型的不可变性,差异性就是相互之间的差异程度。这些特性是组建薪酬模式的主要影响因素,下面就介绍一下这两种特性的不同表现,如图7-3所示。

图 7-3 各薪酬类型特性表现示意图

◇ 基本工资具有高刚性和高差异性，不同岗位上的员工基本工资差距明显，并且员工的基本工资既不能随便扣减，也不能随便增加。

◇ 激励工资具有高差异性和低刚性，往往随着员工不同的行为、效率、工作业绩和组织绩效等因素的变化而拉开差距，上下浮动。

◇ 津贴具有低差异性和高刚性，它与工作业绩无关，从事同一种工作的人享受相同水平的补偿，并随着工作条件、物价水平、组织效益等因素的变化而进行调整或取消。

◇ 福利具有高刚性和低差异性，由于设置福利的目的就是为了保障员工生活、稳定员工队伍，不同的人和不同阶段的福利都须保持平稳，只能有较小的变化。

按照各类型薪酬的刚性（不可变性）和差异性（在不同员工之间的差异程度）分，薪酬可形成3种模式，分别如下。

（1）高稳定模式。这种模式表现为，基本工资和福利在总薪酬中所占的比例较大，激励工资和津贴所占比例较小。是一种以基本工资为主，与其工作绩效关系不大的模式，主要适用于那些弹性比较小的职位。

其优点是薪酬稳定性高，波动不大，可增强员工的安全感。缺点是由于减小了激励工资的比例，可调节的灵活性大大降低，致使激励功能削弱，容易增加员工的不稳定性。

（2）高弹性模式。这种薪酬模式表现为激励工资和津贴所占比例大，福利和基本工资所占比例较小。是一种以短期绩效为主的、高浮动的模式。适用于组织人员流动率高、工作变动性大、员工工作积极性低，以及产品研发、营销等业绩伸缩性较大的职位。

它的优点是与工作绩效紧密挂钩,当工作绩效很高时,就可以获得高报酬,对员工的激励性较强。缺点是薪酬水平波动较大,员工缺乏安全感,同时企业在成本核算时也难度大增。

(3)折中模式。折中模式是上述两种模式的融合,既要稳定性又要激励性,既要员工的工作热情又要工作绩效,其要点是适当降低奖金、福利和津贴的比例,加大基本工资的比例。

这类模式的优点是兼具激励性和安全性,稳中有进,适用面广泛,也便于企业灵活掌握成本控制。缺点是实施起来成本较高,不同薪酬元素之间的平衡性往往很难把握。

由于各薪酬形式的刚性、差异性处于一个不断变化发展的状态,其各自所占的比例也是可变动的。从这个角度来看,即使在相同的薪酬模式中,其表现也是不一样的。比如,基本工资与激励工资为8∶2与7∶3,虽然同具有高稳定,带给员工的感受则不一样。

7.4 不同薪酬结构下的4种薪酬形式

合理的薪酬结构在构建薪酬体系过程中起着重要的作用,薪酬结构的不合理会导致很多问题,最直接的就是造成员工薪酬的差距进一步拉大,伤及一部分员工的工作积极性。

案例2

> 某企业高层希望通过不断提高员工能力(知识和技能)来提升企业绩效。于是,在设计员工薪酬时就加大了能力工资部分,占到总薪酬构成的80%,其他部分则由奖金和福利两部分构成,占到20%。
>
> 该企业根据员工能力的大小给予不同的工资。因此,能力大的员工拿到的工资比较高,但部分员工对此制度产生不满,原因

在于他们的工作付出得多但无法拿到相应的薪酬。

于是,这些员工不再努力提高绩效,而是把主要精力放在自我进修上,希望通过学习提高能力,以被企业看中,得到更高等级的工资。

经过一段时间的发展,企业人工成本变得越来越高,但利润却没有明显改善,管理层开始思考把薪酬支付的重点从能力上转移,而兼顾员工能力和绩效两个因素。

上述案例体现的就是薪酬结构不合理的问题,薪酬结构是薪酬模式的具体表现形式。薪酬体系的构建首先解决薪酬构成比例的问题,过去计划经济时代的那种单一的、僵死的薪酬构成已经不再适应现代企业的需要,取而代之的是多元化、多层次、灵活的新的薪酬构成。一般来讲,薪酬由4部分组成。根据各个部分的占比不同,可分解出4种薪酬基本结构,分别如下。

(1)第一种:以固定薪酬为主,浮动薪酬为辅,如图7-4所示。

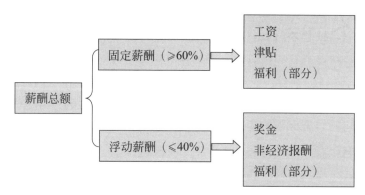

图7-4 薪酬结构类型1

(2)第二种:以浮动薪酬为主,固定薪酬为辅,如图7-5所示。

(3)第三种:以固定薪酬为主,浮动薪酬为辅,同时实现其他元素的多元化分配,与第一种不同的是,固定薪酬中部分薪酬划分成了几个可调整的部分,单独列出来,如图7-6所示。

(4)第四种:固定薪酬+可选择的多元化福利。这是欧美国家企业采取较多的一种薪酬制度。特点是固定薪酬和浮动薪酬大体相等,但浮动薪酬可在一定范围内自主选择,如图7-7所示。

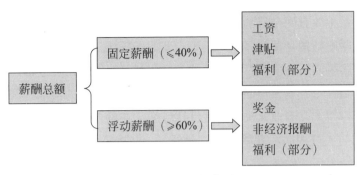

图 7-5　薪酬结构类型 2

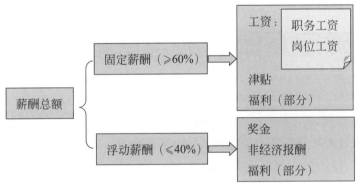

图 7-6　薪酬结构类型 3

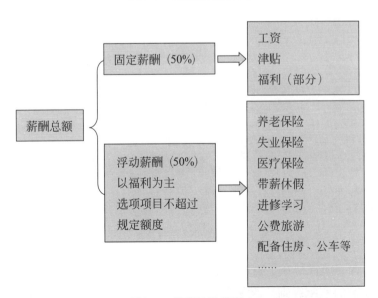

图 7-7　薪酬结构类型 4

薪酬体系主要有两个目的：一是确保企业合理控制成本，二是帮助企业有效激励员工。薪酬结构是薪酬体系中一个主要的子模块，因此，在设计薪酬结构时需要以整个薪酬体系为前提，最终目的是要达到薪酬体系的两个总目的。

另外，是针对专业人员的薪酬设计，要兼顾专业人员的需求。例如，营销人员在公司里作用大，专业人员的排他性比较强，在设计这些人员的薪酬时不应采取和其他部门人员相同的薪酬体系。此外，一些指标的制定过程，也应当细化，尽量避免"一刀切"的做法。

7.5 确定薪酬级数与宽幅的技巧

薪酬结构设计出来后，还需要确定薪酬宽幅和级数。一个合理的薪酬体系中，每个职位的薪酬都是不一样的，又叫宽幅薪酬。宽幅薪酬是指将薪点制薪酬或等级工资进行划分，在岗位评估的基础上归并到8个级别范围内。

薪酬宽幅与级数结构大体上有3种，如图7-8所示。

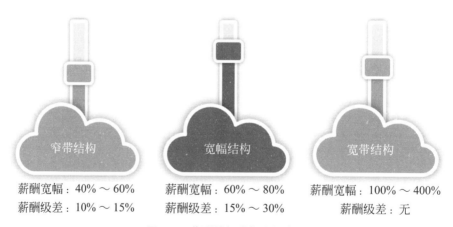

图 7-8　薪酬的级差与宽幅类型

宽幅结构薪酬优势在于将原来十几、二十几个薪酬等级缩减为几个等级，取消了原来狭窄的薪酬级别，改善了狭窄薪酬等级所致的工作间等级的明显差异。同时宽幅薪酬体系又使每个薪酬等级所对应的工资浮动区域变大，进而形成一种新的薪酬管理体系。

宽幅结构薪酬的另一个优势是可引导员工重视个人技能的增长和能力的提高，打破了传统薪酬结构所维护和强化的等级观念。比如，在传统薪酬制度下，员工的薪酬与他的职务、资历相挂钩。处于低职务的员工薪酬总比高职务的低。所以如果低职位的员工想要提高他的工资水平，就只能提升职位，这样会产生很多问题。但是在宽幅薪酬体系下，不用晋升，个人也可以通过继续待在原职位提高他的个人业绩来使他的薪酬提高。

不过，其缺点也十分明显，比如，加大员工功利性，降低归属感，不利于内部团结等。

宽幅薪酬制度中员工利益被无限放大，导致员工趋利性不断加强。再加上宽幅薪酬制度中，每个薪酬等级、甚至是同一个岗位或者同一个职务级别内的员工之间的薪资也会有很大的差距。虽然这是由员工个人的能力与工作态度所决定的，但是大部分人并不这么认为，能力较差者或者工作态度较差者，会怀疑起企业管理的公平性、公正性、合理性，这样会间接造成企业内部上下级之间、员工之间的不团结，关系不佳。

因此，实施宽幅结构薪酬要十分谨慎，需要合理规划、科学布局，同时要综合评估薪酬总预算、职位安排、工作性质以及员工素养等多个方面的因素。具体可从以下5个方面入手，如图7-9所示。

明确宽幅数量　　优化薪酬结构　　明确宽幅上下浮动范围　　在宽幅内进行职位横向轮换　　做好鉴定任职资格以及工资评级工作

图 7-9　宽幅结构薪酬体系打造方法

（1）明确宽幅数量。实施宽幅结构薪酬首先需要确定工资带的数量，在这些工资带之间往往有一个临界点。不同的工资对职员能力、技术的要求也有所不同。

（2）优化薪酬结构。薪酬结构应该根据工作性质特点，以及员工需求，进行薪酬结构的建设，从而对不同档次的员工进行有效的激励。

（3）明确宽幅上下浮动范围。以事先调查的薪酬数据以及职务评价结果作为确定每一个宽幅适宜的上下浮动的范围以及各级之间的级差。然后，每个工资带中的薪酬等级和水平，应根据职能部门的具体市场薪资数据与职务评鉴数据来确定。

（4）在宽幅内进行职位横向轮换，具体是指在同一工资带中，鼓励不同部门员工跨部门流动。目的是增强员工对部门、对团队，以及对整个企业的适应性，提高多角度思考问题的能力。不过，需要注意的是，这种流动最好了是跨职能部门之间的横向流动，避免从低宽幅向高宽幅流动。

（5）做好鉴定任职资格以及工资评级工作。宽幅薪酬由于经理在决定员工薪资时有更大的权力，人力成本就会大幅度的上升。因此，薪酬成本比传统工资结构成本上升得更快。为了有效地减小人力成本，控制宽幅薪酬的缺点，还必须建设相应的任职资格体系来配合宽幅薪酬体系，明确工资评级要求以及办法，营造出一种以绩效与能力为主导的企业文化氛围。

第 8 章

福利、奖金设计：薪酬体系中不可忽视的组成部分

福利、奖金作为薪酬体系的一个重要组成部分，是企业薪酬体系不可缺少的一部分。企业在完善基本工资、绩效工资制度的同时，也应该提升企业的福利、奖金的水平，满足员工多样化的获益需求。

8.1 福利的地位与作用

薪酬体系中除了基本工资外，还包括一个非常重要的部分：即福利。福利作为员工的间接报酬，在整个薪酬体系中扮演着重要角色，必须对其进行精细化管理，合理分配，才能使整个体系更完善、更合理，更能满足员工的需求，最大限度地调动员工的积极性。

随着员工待遇的提高，福利在企业整个薪酬体系中所占的比例越来越大，越来越多的企业开始重视福利，并将福利作为吸引人才，留住人才的重要方法。

利用福利吸引人才、留住人才的企业，做得最成功的莫过于谷歌。

案例1

> 谷歌（Google）是著名的互联网企业之一，以丰厚的福利闻名。谷歌所提供的福利非常全面，比如，免费餐饮、医疗服务、旅行、24小时健身房、按摩服务、瑜伽课，以及游泳池和温泉水疗SPA等。
>
> 谷歌的福利除了针对员工的物质层面，还尽量兼顾精神层面，如企业的环境，谷歌公司的建筑是大学校园的风格，在此工作的员工犹如徜徉在大学校园，整个公司弥漫着大学的氛围。
>
> 谷歌的丰厚福利无论从短期还是长期都是有好处的。从短期来看，大大激发了员工积极性，培养了员工的忠诚度，有很多员工自愿利用在公司享用美食、健身的时间处理公务。从长期来讲，更是在激烈的人才竞争中留住了最优秀的人才。

从以上案例可以看出，福利作为一种间接报酬，非常适合对员工进行激励管理。高福利可最大限度地激发员工的潜能，不但可满足员工物质层面的需求，更重要的是可满足其精神需求。这也是为什么越来越多的企业设立高福利的原因之一。

　　福利是以企业为责任主体，专门面向企业内部员工发放的一种额外待遇，是员工的间接报酬。那么，我们该如何认识福利呢？所谓福利，一般是指企业给员工提供的，用以改善其本人，或家庭生活质量的，以非货币或延期支付形式而发放的一种补充性报酬。

　　高福利的作用体现在两个方面，一是对企业，二是对员工，良好的福利对企业和员工是双赢的。

　　（1）对企业。据国内某知名招聘网站公布的"2008中国最佳人力资源典范企业100强"数据显示：2018年上榜的26家中资企业，20家合资企业及诺华、思科等54家外资企业均是福利待遇优厚。据调查数据显示，大企业及高福利企业更能留住人。

　　高福利对于企业来说可以吸引人才、留住人才。大多求职者在找工作的时候都会对该企业能够提供哪些福利待遇感兴趣。相比于略高一些的工资水平，很多人为什么宁愿选择更好的福利？这是因为一个愿意为员工提供良好福利待遇的企业，必然是一个尊重员工、关爱员工的企业，员工在企业内的就职体验通常也就不会太差。

　　因此，福利较之工资、奖金这些方式往往更有吸引力。工资、奖金通常以现金为主，这些是看得见、拿得着的，很容易产生快速的冲击力，短时间内消除了员工福利的差异化要求。但其非持久性的缺点往往会使其他企业可以用更高的薪水将人挖走，尤其对资金实力不足的中小企业而言，如果仅仅依靠工资留人，很容易陷入抢人大战泥潭。而具有弹性、延期支付性质的福利，不但可以避免财力匮乏的尴尬，还可以很好地维系住人才，减缓劳动力流动。

　　（2）对员工。高福利对员工来说意味着最有力的保障。比如，医疗保险、养老保险、工伤保险等法定福利项目，可以使员工生病得到医治、年老能有依靠、遭受工伤后获得赔偿等，从生理上满足员工的需要。

　　另外，高福利还可以大大满足员工在情感上的需要。比如，带薪休假福利，能够更好地缓解员工的工作压力，有更多时间陪伴家人，从而满足在感情、亲情方面的需要；企业举办的各种集体出游活动、公司宴会活动，可以使员工在工作之外有更多的接触机会，增进员工之间的了解，融洽公司内部成员间的同事关系，也有助于人们获得情感上的满足。这些都可以让员工感觉到企业和自己不仅仅是一种单纯的经济契约关系，而是带有了某种程度的类似家庭关系的感情成分，这无疑改善了员工的工作境遇。

8.2 福利的两大构成

福利通常由国家法定福利和企业自主福利两部分组成。国家法定福利也叫强制性福利,是指国家通过立法,并强制实施的,完善和保护员工利益的一种待遇,例如,社会保险、法定假期。企业自主福利,又叫自愿性福利,是指企业为满足员工基本需要,提高员工待遇,在工资收入之外,自主建立的一种额外利益和收入。例如,企业补充性保险(如企业年金)、货币津贴、实物和服务等形式。

国家法定福利如图8-1所示,企业自主福利如图8-2所示。

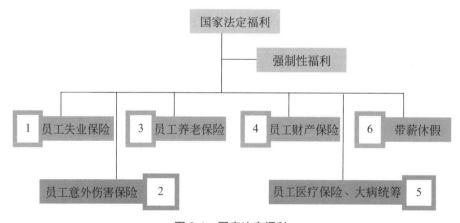

图 8-1 国家法定福利

需要注意的是,以上这些福利项目并不是一定要针对全员执行,也就是说所有福利都要供全体员工享受。福利应该分层次,既要有全员福利,能覆盖全员,又要能兼顾特殊人群,特殊福利照顾特殊员工。因此,福利从覆盖人群的角度看,又可以分为3种。

① 全员福利,对所有员工享有的;
② 特种福利,如对高层人员的轿车、飞机、星级宾馆出差待遇;
③ 特困补助,针对特别困难家庭。

第8章
福利、奖金设计：薪酬体系中不可忽视的组成部分

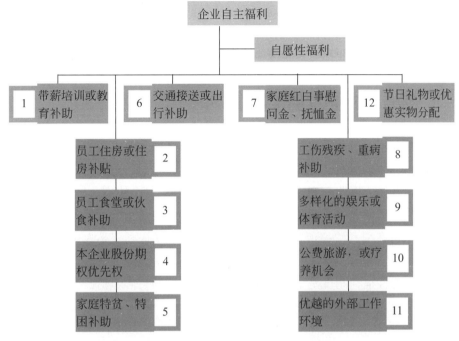

图 8-2　企业自主福利

8.3　福利制度：由固定制向弹性制转变

福利制度在不同企业有不同的体现，企业会根据自身的发展战略、发展阶段和经营状况，设置不相同的福利项目。不过，尽管福利项目各有特色，但基本上都有一个特点，即大多都是固定的，向所有员工提供同样的福利。

固定福利的好处在于成本低，由于所有员工都享受一样的福利项目，因此企业在制定福利计划时复杂程度就大大降低了，制定成本也会减少很多，特别是以实物和服务形式向员工提供福利时成本会大大降低。但由于员工的偏好不同，容易出现众口难调的情况，由于忽略了员工多样化的需求，从而使福利实施的效果大大被削弱了，从另一角度讲反而增加了企业无谓的成本。

20世纪70年代开始，在西方发达国家的企业中，开始实施一种新的福利模

式：弹性福利。即针对员工不同需求提供不同的福利，这一模式逐渐兴起并成了福利管理发展的一个趋势。目前，在世界范围内是运用最多的一种福利制度，近年来在国内高科技企业和外资企业中也逐渐获得普及。

8.3.1 弹性福利制度的优势

弹性福利制度又称为"自助餐式福利""菜单式福利"，这是一种福利管理模式的创新。具体是指在一定的额度内，员工根据自身需要从企业提供的福利"菜单"中自主选择，以匹配到更适合自己的需求福利。打个比方，这就像我们在超市选购商品，货架上的产品很多，我们可根据需要自由选择。同样，弹性福利制度下，员工可在福利"超市"里进行自主选取，享受福利"私人定制"，做自己的福利管家。

可见，弹性福利制度是十分有优势的，这些优势具体表现在两个方面，即满足员工多层次需求和降低企业福利成本。

（1）满足员工多层次需求。由于每个员工个人的情况是不同的，因此他们的需求可能也是不同的。例如，年轻的员工可能更喜欢以货币的方式支付福利，有孩子的员工可能希望企业提供儿童照顾的津贴，而年龄大的员工又可能特别关注养老保险和医疗保险。而弹性福利计划的实施，则充分考虑了员工个人的需求，使他们可以根据自己的需求来选择福利项目，从而提高了福利计划的适应性，这是弹性福利计划最大的优点。

（2）降低企业福利成本。由员工自行选择所需要的福利项目，企业就可以不再提供那些员工不需要的福利，这有助于节约福利成本。

这种模式的实施通常会给出每个员工的福利限额和每项福利的金额，这样就会促使员工更加注意自己的选择，从而有助于进行福利成本控制，同时还会使员工真实地感觉到企业给自己提供了福利。

弹性福利制度既有效控制了企业福利成本，又照顾到了员工对福利项目的个性化需求，可以说这是一个双赢的模式。也正因为如此，弹性福利制度正在被越来越多的企业关注和采纳。

8.3.2 弹性福利制度的类型

弹性福利制度是一种有别于传统固定式福利的新福利制度，目的是最大满足不同员工的差异性需求，是企业实行"员工关爱"政策的重要内容。

弹性福利制度具体类型如图8-3所示。

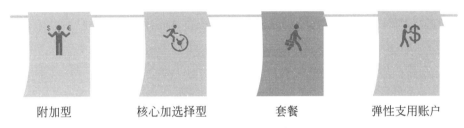

图 8-3　弹性福利制度类型

（1）附加型。附加型弹性福利计划是最普遍的弹性福利制度。所谓附加，就是在现有的福利计划之外，再提供其他不同的福利措施或提高原有福利项目的水准，让员工去选择。

例如某公司原先的福利计划包括房租补贴、交通补助、意外保险、带薪休假等。如果该公司在原有福利计划的基础上实施弹性福利制度，它可以将现有的福利项目及其给付水准全部保留下来当作核心福利，然后再根据员工的需要，额外提供不同的福利项目，如国外休假补助、人寿保险等。

这些额外福利项目通常都会标上一个"金额"。企业根据每个员工的薪酬水平、服务年限、职务或家庭状况等因素，发给数量不等的福利限额。员工按照分配的限额去选购需要的额外福利。有些公司甚至还规定，员工如果未用完自己的限额，余额可折发现金，不过现金部分必须按规定计纳个人所得税。此外，如果员工购买的额外福利超过了限额，也可以从自己的税前薪酬中抵付。

（2）核心加选择型。此类型的弹性福利是由核心福利和弹性选择福利共同组成的。核心福利是每个员工都可以享有的基本福利，不能自由选择。可以随意选择的福利项目则全部放在弹性选择福利中，这部分福利项目都附有价格，员工可以在自己的福利限额内选购。

（3）套餐。套餐通常是由企业提供一份列有各种福利项目的"菜单"，然后由员工依照自己的需求从中选择其需要的项目，组合成属于自己的一套福利"套餐"。

套餐型福利优势在于套餐菜单项目范围内自行决定，但每个员工福利开支总额是相对固定的，自由搭配的同时不能超过总额。

（4）弹性支用账户。这是一种比较特殊的弹性福利制度。员工每一年可以从自己的税前总收入中拨取一定数额的款项作为自己的"支用账户"，并以此账户去选购企业提供的各种福利项目。拨入支用账户的金额不需扣缴所得税，不过账户中的金额如未能在年度内使用完，余额就归公司所有，也就是说不可在下一个年度继续使用，也不能够以现金的方式发放。账户里的认购款项一经确定就不能挪用。例如，用于眷属抚养补助项目的款项，就不能用于法律咨询服务项目。此制度的优点是福利账户的钱不用纳税，相当于增加了员工的净收入。

弹性福利制度非常强调"员工参与"的过程。当然员工的选择不是完全自由的，有一些项目，例如法定福利就是每位员工的必选项。此外企业通常都会根据员工的薪水、年资或家庭背景等因素来设定每一个员工所拥有的福利限额，同时福利清单的每项福利项目都会附一定金额，员工只能在自己的限额内购买喜欢的福利。

8.3.3 弹性福利制度的实施步骤

弹性福利制度的实施，通常可以按照以下四个步骤进行。

（1）步骤一：宣传。针对员工展开宣传，收集他们所需要的福利物品的信息。公司人力资源部门可以采用问卷调查、访谈等方法，提出一些诸如"你最需要的福利是什么"一类的问题，然后将所收集的信息加以分类汇总，从而确定员工需求的物品。这虽然是一项比较简单的工作，但也有一些东西需要加以注意：

① 员工需要的福利物品尽量有可以衡量的标准；

② 员工需求的满足要在公司的能力范围之内；

③ 对于极少数特殊的需求，公司应酌情予以照顾，为此在问卷中应加设意愿一栏。如，"如果你得到的物品不是你所需要的，你会：A坚决不要；B虽然要，但不情愿，C无所谓"这一类的问题，并将那些选择了A项的挑出来加以认真考虑；

④ 对福利物品的描述越详尽越好，这样便于公司采购，使公司提供的物品是员工真正需要的。

（2）步骤二：确定员工的购买力。这时所说的购买力，是一种虚拟信用形式。具体来说，就是通过资历审查、绩效考核等手段，确定一定的标准，评定出员工的购买点数，它具有类似货币的购买力，可以购买福利。这种点数具有公司信用，可作为公司范围内的交换媒介。

点数的确定依据主要有两大块：资历和绩效考核。资历是指员工的工作年限、职务、权责、学历等。绩效考核则是考察员工完成工作任务的情况，它相对于资历来说是灵活的，它主要包括：完成工作状况、态度、任务重要性、能力。

（3）步骤三：为福利物品定价。福利物品的定价需要根据物品的现实价格，再折算成相应的点数作为价格。说到定价，首先得有一个基准货币单位，即一个点数相当于现实货币多少。为简便起见，通常规定一个点数对应1元钱。这样在确定基准货币单位之后就可对福利物品进行定价了。

对于那些不能用货币衡量的物品，如带薪假期则需要根据一定的标准折算成现值进行定价。例如，对带薪假期的衡量，可以用它在这期间的工资额加上因不工作造成的损失来定价。

（4）步骤四：员工自购和预约登记。在员工手里有了货币福利点数，福利物品也定价完毕之后，就可以进行交易了。公司首先向广大员工公布福利物品的种类及价格。由广大员工进行挑选，然后按照员工选择的状况向他们提供物品。选购的过程并不是当时现买现付，而是作预先的登记，隔一段时间之后再提供给他们物品。在这一过程中将不可避免地发生员工购买力不足和员工储蓄的情况。员工购买力不足是指员工本身所积累的点数不足以购买福利物品。员工储蓄是指员工暂时不购买，而把点数储存起来以备下次购买。

对于员工购买力不足的情况，公司可以考虑实行分期付款的方法，实行预支。预支这种做法将不可避免地占用公司大笔资金，在实施的时候应当采取合法方法，对其加以管理，以减少损失。但是预支的优点也是显而易见的。它可以使员工长期地为公司工作，保持持久的忠诚。员工需要相当长一段时间才能积满他购买大件福利物品所需要的点数，这样，当他作出跳槽决策时，需要考虑更多的因素。

对于员工的储蓄行为，公司应当参照现实的银行储蓄利率，对员工的储蓄点数支付当期利息。员工没有消费他的当期福利物品，实际上为公司节约了一笔购买物品的费用，公司可以将这笔费用用作其他用途，因此公司需要支付相应的利息。

8.4 福利方案设计存在的问题

然而，目前很多企业在福利实施和执行上效果非常不尽如人意，存在不少问题。这种做法不但无法起到调动员工积极性的作用，大多数员工还不满意。据有关机构调查,员工对公司福利满意的仅有36%,企业对目前福利方案满意的也仅有40%。可见,盲目地发福利会成为劳资双方都不讨好的事情。

案例2

某公司为感谢员工的辛勤工作,准备了一份礼物:为每位员工发一个精美的高档公文包。公司高层本以为广大员工会喜欢这一份礼物,没想到却收到了很多抱怨意见。有的高层经理说:"我平时上班根本用不着公文包,发一个只好留在家里。"尤其是广大女性员工更加反对,她们反对都用一样的包:"那样太没个性了,还不如给我一个热水器。"

为什么会这样?这与企业在福利设置、分配和管理上比较粗放有关。主要体现在两点:

① 在传统的福利方案中,福利常常是属于普惠性质,企业中所有或大多数员工都能享用,而且其享用的项目基本一样,这就使得福利在薪酬体系中变为了鸡肋,不仅激励性不强,而且如果设计不当,还会引起企业员工的不满。

② 企业对员工真正需要什么样的福利并不了解,而且多数企业的福利项目是不能选择的,这就造成员工虽然享用了福利,但基本不满意或满意度不高。

(1)设计出来的福利方案常常存在这样或那样的问题,具体体现在如图8-4所示的3个方面。

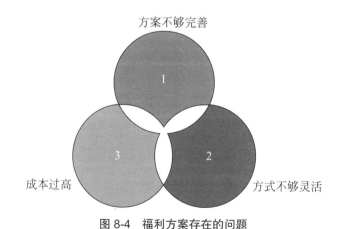

图8-4 福利方案存在的问题

① 方案不够完善。方案不够完善、不成体系，是很多企业在设计福利方案时常常犯的错误。福利方案必须能满足企业不同层次、不同职位员工的需求。如果仅仅是满足了一部分人的需求，或者特定人群，即使企业在福利方面的投入再大，也无法对员工起到激励作用。

② 方式不够灵活。"自助餐"式福利可以分成两种，一种是基本保障型，即让人人必须拥有。比如，一些法律规定的福利，必须执行；另一种是各取所需或根据自己实际意愿兑现的福利。比如，未婚员工可以选择附加养老金福利；夫妻员工可以选择子女保健、住房或休假。

③ 成本过高。高福利能够提高员工的待遇，但对企业将也意味着一大笔固定开销。现代企业始终追求的目标之一就是效益的最大化，作为薪酬体系重要组成部分的福利政策，也要讲究成本管理。在掌握员工需求、确立可能的福利项目之后，还要对其进行精确的成本核算和年度预算，以力求把福利成本控制在合理的范围之内，避免企业为了满足员工需要而支付超过企业承受能力的福利成本。

（2）在控制福利成本上，具体可以从以下两个方面入手。

① 与公司战略相结合。与公司战略相结合，有助于控制福利成本。弹性福利使福利从原本固定支出的成本，变为和公司战略目标完成情况相结合，能有效控制的福利支出成本。例如，Owens Corning公司根据每股收益、销售增长和现金流三项指标来核算当年的公司业绩，并根据公司业绩完成情况决定福利总额。

② 延期支付，转嫁成本。延期支付，转嫁成本有助于节约现金流。弹性福利中，有些项目，如养老金储蓄允许员工延期支付；有些项目，例如旅游性福利，允许员工自行支付部分差价换取更高级的福利。总之通过延期支付、转嫁成本等弹性较大的措施，能有效地帮助企业优化现金流。

另外，企业还可以进行一些改革和尝试。比如，为了有效控制保健福利开支，采取兴办员工合作医疗，弥补健康保险的不足。积极开发和引导一些对企业和员工个人双方都有利的项目等。

比如，员工在职学习的学费资助，是许多企业提供的一项员工福利和激励手段，这对促进员工人力资本投资很有益处。对一些员工不甚了解，也不去关心，只有少数员工充分利用，多数员工不闻不问的福利，企业应有意识地引导和鼓励员工享用这些福利。

一套科学、合理、完善的薪酬福利体系，可以让企业在不增加太多成本的情况下提高员工对薪酬的满意度，这是大多数企业都愿意做的，关键是要从本企业实际出发，找到适合的创新设计。

8.5 福利方案设计应注意的事项

如何提高福利的激励作用，使企业的福利政策在实施中收到更好的效果呢？这就需要人力资源部门在设计方案初期就要做到位，尤其是对如图8-5所示的5个事项给予高度重视。

图 8-5　设计福利方案应重视的 5 个事项

（1）了解员工对福利的需求和偏好。实施弹性福利制度，目的在于最大限度地满足员工的不同需求和爱好。这就向制度的制定者提出了更高的要求：如何了解，并界定每位员工的爱好和不同需求？

不同年龄段员工对福利的偏好不一样，需求也不一样。比如，刚刚参加工作的大学生认为最好的福利是获得充足的学习、发展机会，甚至获得健身俱乐部会员的资格比某些保险重要；身为父母的员工则希望获得更多照顾孩子的时间、津贴或受教育的机会；而年龄较大的员工则更希望获得额外的医疗保险、养老金。

因此，在制定企业福利时要尽可能地了解员工的需求，可以通过对员工实地调查，来满足大多数员工的需求，同时也要兼顾部分特殊员工的爱好，针对每位员工爱好和需求进行专项设计，从而在同样的成本支出下使每位员工都满意。

（2）给员工提供多样化的项目选择。弹性福利的优势在于"弹性"，那么如何体现这个弹性呢？即项目选择的多样化，可给员工充分的自主选择权利。那么，如何给予员工充分的选择权，做法有很多，最常规的做法是事先给定福利菜单，让员工根据需要自主选择；根据公司业绩和员工个人业绩，明确每位员工具体的福利额度，使员工从原来对福利毫无感受变为有具体数字。

（3）推广软福利，满足员工的情感需求。较之需要大额资金支出的硬性福利项目，能够满足员工情感需求的软福利更具激励效果，同时还能够提升企业形象。

例如，提供带薪休假福利，能够更好地缓解员工的工作压力，让他们有更多时间陪伴家人，从而满足他们在感情、亲情方面的需要；组织各种集体出游活动、公司宴会活动，可以使员工在工作之外有更多的接触机会，增进员工之间的了解，融洽公司内部成员间的关系，也有助于人们获得情感上的满足。这些都可以让员工感觉到企业和自己不是一种单纯的经济契约关系，而是带有了某种程度的类似家庭关系的感情成分，这无疑能极大地提高员工的忠诚度。

（4）与员工的素质、工作要求保持同步。盲目实施高薪酬高福利，就相当于自己在给自己挖坑。高福利只有与员工的高素质、工作的高标准、高要求同步，才能更好地发挥作用。

> 案例3

> 有一家企业，五天工作制，上班不打卡，工作机制宽松，工资高、福利也好，各种各样的工作奖金及年节补贴几乎是应有尽有。员工队伍也是相当稳定，几乎很少有人主动离职，在全民招工难的背景下，这家企业几乎是从来不缺人，因此人力资源部也从未得到过任何的重视。

> 按常理，这样一家绝对高薪酬、高福利的企业，员工的素质和忠诚度应该也是很高的。可是，事实却恰恰相反。一年，该企业在进行内部变革时，出人意料地遭遇了全面抵制。没有任何人愿意降工资与公司共渡难关，没有任何人愿意主动接受改变，没有任何人愿意主动增加新的任务，也没有任何人愿意接受岗位调整。工资少一分钱都会投诉。人人都在设法维护自己的利益会不会受损。

上述案例说明，高福利没有与员工的高忠诚和高素质，工作的高标准、高要求相匹配，无疑是管理上的一场灾难。

（5）把福利选择权同工作业绩挂钩。给予员工更多自主的选择，仅仅让员工"各取所需"却并不能真正起到激励作用。如果不把员工所获得的福利与其工作绩效相联系，福利也就只能发挥保健作用，即人人有份福利只能使员工没有抱怨，却不能有效激励员工。

如果企业想确实有效地达到目标，就必须寻求正确的业绩考评的方法，并认真贯彻执行。不同工作表现的员工应该获得不同的福利预算额度，这样才能使福利政策激励员工去争取更好的业绩。否则，与工作表现无关的福利只会演变成平均主义的大锅饭，对员工不但起不到激励作用，反而会助长其不思进取、坐享其成的坏习惯。

然而，在实施这一点的时候，企业要充分考虑到福利的性质——公共性和普惠性。福利的产生带有其特定的计划经济历史背景，它的公共性和普惠性在员工的头脑中根深蒂固。从这种意义上来说，福利的本质与安全感和归属感有关，属于员工生活的基本保障。对于一般员工而言，他们所强调的是福利的保健作用，如果连基本生活保障都不能实现的话，那么他们的安全感和归属感就无从谈起，这必然会影响到其工作情绪。

8.6 奖金制度：按劳分配，多劳多得

与高福利一样，奖金也是激励人才、留住人才的一种方法。由于高福利并不适合任何企业，如果企业具有不错的经济实力，又希望提供优越、宽松的环境来留住人才，那么就一定要提供高福利。反之，如果企业经济实力不强，就一定不要以高福利留人，而应该将重点放在奖金的激励上。

8.6.1 奖金的地位与作用

奖金是一种重要的工资形式，是企业在物质利益上给予员工的一种额外鼓励，长期以来，是企业工资分配中是不可缺少的一部分。

奖金，被认为是企业对员工提供超额劳动所支付的报酬，是按劳分配原则的重要体现，因此，也成了薪酬体系中不可缺少的一部分，在整个薪酬体系发挥着重要作用。

（1）弥补不足。任何工资形式和工资制度都存在不同程度的缺陷，例如，计时工资是从个人技术能力和实际劳动时间上确定劳动报酬，难以准确反映经常变化的超额劳动；计件工资主要是从产品数量上反映劳动成果，难以反映优质产品、

原材料节约和安全生产等方面的超额劳动。然而，这些都可以通过奖金来弥补。

（2）激励员工。奖金是对那些为社会做了较大贡献，提供了超额劳动的职工进行的物质奖励。在正确的奖金制度下，谁劳动好、贡献大，谁就能得到奖金。劳动差、效率低，就没有奖金。因此，奖金还具有褒扬先进、鞭策后进，树立劳动光荣新风尚的作用。所以，发放奖金具有激励的作用。尤其是在相对固定的工资制度中，这种激励作用明显占有优势。

奖金的激励功能来自依据个人劳动贡献所形成的收入差距。利用这些差距，使职工的收入与劳动贡献联系在一起，起到奖励先进，鞭策后进的作用。

8.6.2 奖金的类型

奖金制度有多种形式，按不同情况归类，大体上可分为两类：一类是由于劳动者提供超额劳动，直接增加了社会财富（例如增产、节约等）而给予的奖励；另一类是由于劳动者提供超额劳动，为增加社会财富创造了条件（例如技术革新等）而给予的奖励。

根据超额劳动的情况，奖金又可以分为以下3种形式。

（1）按奖励周期和奖励次数区分，可分为月度奖、季度奖、年度奖和一次性奖励以及经常性奖励；

（2）按计奖单位区分，可分为个人奖和以班组、车间、科室等为单位的集体奖；

（3）按奖励条件的考核项目区分，可分为单项奖和综合奖。

再具体到某个企业，奖金又可在形式上不拘一格进行设置。因此，我们常常可以看到很多花样奖金，可以说每个企业都有自己独特的奖金制度，比如有的企业设立如表8-1所列的奖项：服务年资奖、创造奖、功绩奖、全勤奖等。

表8-1 某公司奖励种类一览表

种类	授奖条件
服务年资奖	员工服务年资满10年、20年及30年，其服务成绩与态度均属优秀的，分别授予服务10年奖、服务20年奖、服务30年奖
创造奖	① 设计新产品，对本公司有特殊贡献； ② 从事有益业务的发明或改进，对节省经费、提高效率或对经营合理化的其他方面做出贡献； ③ 根据"其他奖励"层次接受奖励； ④ 在独立性方面尚未达到发明的程度，但对生产技术等业务确有特殊的贡献

续表

种类	授奖条件
功绩奖	① 对本公司有显著贡献的特殊行为； ② 对提高本公司的效率有特殊功绩的； ③ 对本公司的损害能防患于未然者； ④ 敢冒风险，救护公司财产及人员脱离危险； ⑤ 遇到非常事件，能临危应变，措施得当
全勤奖	员工连续一年未请假、事假或迟到、早退者，经审查后授予全勤奖

8.7 制定奖金制度需要考虑的问题

为了正确地制定奖金制度，要求做到：奖金的发放要符合奖金的性质，必须是与职工超额劳动的成果挂钩，必须切实贯彻多超多奖，少超少奖，不超不奖的奖金分配原则，反对平均主义。

根据上述要求，制定奖金制度要做好以下几方面工作。

8.7.1 确定奖励的项目并规定奖励条件

制定奖金制度首先要根据本企业生产、工作的需要确定奖励的项目。比如某企业的产品质量是影响整个生产的关键，为此，即可设立质量奖，然后根据企业内部各单位不同情况以及职工工作的特点规定奖励条件。

制定奖励条件可以按照以下步骤进行。

① 第一步，企业、科室、车间、班组应分级制定计奖条件。比如企业可以考虑把完成产量、质量、品种、成本、利润、劳动生产率、消耗和资金八项指标作为计奖条件；车间可以八项指标中的某几项作为奖励条件；班组则应根据完成车间奖励条件的要求，分不同情况规定奖励条件。

② 第二步，企业内部各单位对职工规定计奖条件。比如对于基本生产工人，应该以产品的数量、质量和节约等指标作为主要计奖条件，其他指标作为辅助条件；对于辅助生产工人，除了要考核他们完成本职工作的情况外，还应把他们所服务的单位和基本生产工人完成生产任务情况作为计奖条件；对于科室人员，应

按照他们分管的工作任务规定计奖条件。不论何种奖励条件，都应有主有次，明确具体；奖励指标都要公平合理，简单明了，便于计算。

8.7.2　确定奖励形式和计奖办法

即根据生产、工作的需要，奖励项目的特点和奖励条件来确定恰当的奖励形式和办法。具体做法是，按照计奖条件规定的奖励指标，来区别确定是采取综合奖形式，还是单项奖形式。对其中能进行个人考核的，可确定为个人计奖形式，只能进行集体考核的，则采取集体计奖形式。一般来说，综合奖多为按月或季度考核计奖，并大都实行记分计奖办法；单项奖有的按月或季以及年度考核计奖，有的是一次性奖励，有的采取记分计奖办法，有的采取按绝对数计发奖金等办法。具体的奖励形式和计奖办法是多种多样的，企业可以根据实际情况和需要自行制定并及时予以改进。

8.7.3　确定奖励总额和奖金标准

奖金能否激励职工的工作热情，一个重要因素是奖金发放标准，奖金总额、比例等。标准合理，就会心情舒畅，干劲倍增；反之，就会牢骚满腹，怨气冲天，严重挫伤其积极性。因此，在奖金的方法上需要先确定奖金比例和总额，这不但会让奖励行为有理有据，而且还会让员工更信服。

（1）各类人员奖金标准。在一般情况下，根据指标完成情况和工作责任两个因素确定内部奖金分配比例，即主要职务（工种）高于辅助职务（工种）；重体力劳动高于轻体力劳动；复杂劳动高于简单劳动。例如，第一层次的奖金是主要经营者和管理者；第二层次的奖金是主要生产者；第三层次的奖金是一般生产者和辅助人员。

（2）奖励总额的确定。奖励总额的确定常见有以下2种方式。

① 按照企业利润的百分比发放　这种方式是以企业利润为基础进行发放，奖金总额应随企业利润水平和企业计奖比例而波动（其中计奖比例是一个可调整的因素）。

公式为：　　奖金总额＝报告期利润额 × 计奖比例

② 按照产量、销售量发放　这种方式是以产品产量或销售量为基础进行发放，具体有3种计算方式：

a. 按企业实际经营效果和实际支付的人工成本因素决定奖金的支付。在这种方式中，将节约的人工成本以奖金的形式支付给员工。

公式为：

奖金总额 = 生产（或销售）总量 × 标准人工成本 – 实际支付工资总额

b. 按企业年度产量（销售量）的超额数量计提奖金。在这种方式中，奖金随完成目标产量（销售量）的超额部分等比例提取，或按累计比例提取。

公式为：

年度奖金总额 =（年度实际销售额 – 年度目标销售额）× 计奖比例

c. 按照成本节约量的一定比例提取奖金总额，主要目的是奖励员工在企业生产和经营成本节约中做出的贡献。

公式为： 奖金总额 = 成本节约 × 计奖比例

当然，奖金的发放不是仅仅依靠几个公式计算就可得出的，而是要形成奖金制度，制定出一个能让员工自觉努力工作的奖金制度。奖金制度的制定需要考虑以下3个方面，如图8-6所示。

优先考虑激发核心层员工的积极性

奖金分配制度在设计之初，都希望保证其分配是公正和公平的，并且能够使每一名员工满意。然而，这种公平只具有理论意义，不具有实际操作性。正确的做法是优先考虑核心员工，保证他们的稳定性

体现出合理的差异

因员工在企业中的工作年限、职位、贡献等诸多方面都不同，因此应在奖金设计中体现出合理的差异

奖金发放应该公开、公平和透明

奖金的发放必须有公认的、明确的参照依据，这样不仅能有效地让每名员工了解团队中每个人的工作状况，还能够满足员工对所得收入进行横向比较或纵向比较的心理

图8-6 制定奖金制度需要考虑的问题

奖金制定里有很多学问，需要多去分析和思考，不要一味地去照搬，不是工资越高就会越让员工工作积极，员工对工资的额度是永远不会满足的，所以关键是让员工觉得多努力一分就能多收获一分。

第 9 章

企业薪酬体系设计常见问题与对策

薪酬体系在设计过程中会遇到这样或那样的问题,处理得当能够吸引、留住和激励人才,处理不当则可能给企业带来生存的危机。因此,建立科学、完善、合理,与企业实际配套的薪酬体系,是企业薪酬管理中一项紧迫任务。

9.1 问题一　付薪理念不明确

在制定薪酬体系前，先解决一个理念问题：付薪理念。企业"付薪理念"是指在做薪酬管理工作时容易忽视的问题。所谓"付薪理念"，通俗地讲，就是企业为员工工资给付活动制定并实施的一套"游戏规则"，它可以被看作是企业文化的一部分。无论是按岗位付薪、按能力付薪、还是按学历付薪或者其他，都可成为付薪理念的构成要素。

企业可以根据自己的实际情况选择付薪理念的构成要素，并根据这些要素在企业中的重要程度赋予不同的权重。从这个角度来看，员工对薪酬的不满，往往是因为：员工不了解企业真正的付薪理念包含哪些要素，也不理解各个要素在本企业的重要程度，而是从自身经历或经验出发，认为"某些要素的重要性为什么没有在工资上体现？这对我来说不公平"。

在这个问题上，企业和HR经理只需要做到3点，即确保本企业确立的付薪理念是明确的；确保本企业确立的付薪理念符合自身实际情况的；通过各种方式使员工了解本企业的付薪理念。

9.2 问题二　与岗位职能、工作性质不匹配

我国绝大部分企业的薪酬体系都存在着不同程度的问题，例如，薪酬分配严重失衡；不同岗位；不同级别的薪资水平差别较大；行业与行业之间的水平也相差过大等。这就会带来一系列问题，例如，员工的收入极其不均、人才大量外流、劳动争议等问题。

薪酬体系中最常遇到的问题就是与岗位职能、工作性质不匹配。

案例1

某企业主要从事产业规划、园区规划等业务。公司下设行政人事部、商务部、研究部、数据分析部、执行部、技术部,共60多人。尽管部门设置科学,职能分工也很明确,但具体的工作过程中常常出现工作内容"交叉"。

例如,与客户谈判本是商务部的职责,但在谈判前或谈判过程中,为保证专业性常常需要研究部的专业研究人员先进行研判,并给出解决方案。然而研究人员却不擅长商务谈判,尤其是项目价格谈判部分,必须由商务部人员配合进行。这种美好的跨部门合作却往往会导致出现利益分配的问题。按规定,公司给研究人员的薪酬要比商务人员高一些,而这常常令商务人员不满。

小李和小卢是一对工作搭档,就出现了由于工作配合不到位连丢几个大单的情况,二人也渐渐疏远起来。有一天,商务人员小李了解情况,说:"小卢认为公司的利益分配不公平,因为商务人员完成销售任务后,对项目额有一定的提成权,而研究人员则没有。没有小卢的全力协助,也是不可能完成任务的。"

对于小卢和小李这样的问题,公司一直没有妥善解决的办法。

企业用人的最高境界就是人岗匹配,而人岗匹配最集中的反映就是薪酬分配要合理。正如案例中这个企业,对如何解决公司不同职能人员之间的薪酬分配问题感到困惑和疑虑。

在现代企业中,随着专业的细分化和人才重要性的凸显,员工薪酬管理变得越来越精细化,一方面要合理控制成本,另一方面又要让所付薪酬吸引所需人才,如何能解决好这个问题是一个不小的挑战。

薪酬问题涉及不同岗位的贡献率、岗位任职要求,以及个体技能差异等诸多方面,很多HR经理对此都感到比较棘手,一旦处理不好就会导致员工不作为甚至流失的情况出现,使人心不稳。尤其是在当前风投盛行的时代,企业会非常看重人才队伍的稳定性,因此,解决好薪酬与职位、工作性质关系问题关系着企业的发展壮大。

那么，如何化解这一难题呢？唯一做法就是在设计薪酬体系时体现不同职能部门的特点、工作性质等。不同职能部门人员，其专业特点不一样，其为企业所贡献的价值与产出方式也不同，工作性质也不同，因此，这些都应该在薪酬设计中有所体现。

仍以上述案例为例，研发人员和商务人员代表着两类不同职能部门人员，其专业特点不一样，工作性质也不同。尽管这一点已通过"研发人员的薪酬高一些"来体现了，但从现实角度来看并不能消除分配不均的现象，一方面商务人员认为自己的薪酬不应该比研发人员低，另一方面研发人员觉得高出的那点工资与他的付出相比是不对等的，对商务人员享有项目提成权不满是有一定道理的。

其实，从人力资源专业角度来看，这种分配确实存在问题，因为企业没有明确给出这种做法的理由。那么关键岗位、核心部门的薪资比一般岗位、职位高出多少才合适呢，又通过什么方式来体现呢，这还需要人力资源部门人员从专业角度作出一系列的方案设计和测算。

现代企业的薪酬形式，已不是以往那种单一的薪酬。随着市场经济的快速发展和人才流动频率的加大，薪酬形式日趋复杂。因此，制定与岗位、工作相匹配的薪酬，需要企业高层、人力资源部门人员至少经由以下3个步骤的工作才能基本完成，如图9-1所示。

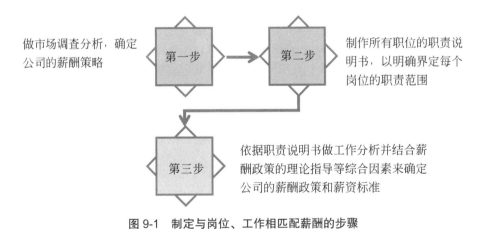

图 9-1　制定与岗位、工作相匹配薪酬的步骤

现代企业的薪酬制度已经变得越来越复杂，原因在于它已成为涉及多学科领域、含有多种变数因素和不同操作方法的一个综合体，不仅仅是简单的数字统计、成本核算了，它还隐含着企业战略、薪资策略、财务知识，所形成的薪酬体

系也是与员工招募、职业生涯发展等紧密联系。作为企业负责人如果跳不出以往传统的工资激励方式，那么就可能会错失一些好员工和发展机遇。

薪酬体系设计是一个分解和匹配的过程。薪酬作为人力资源成本的重要一部分，同时也是企业运营成本中的重要部分。只有将薪酬与企业的经营挂钩，与岗位职责挂钩。即我们常说的"责、权、利"当中的"责、利"挂钩的问题，才能够取得更好的成本控制和激励的作用。

总之，制定科学、合理的绩效体系，必须经过一系列的方案设计、全面统筹、专业测算，根据不同人员的贡献、满足不同员工的需求才行，不能仅凭公司领导拍脑袋来决定。否则，员工会因薪资定得不合理而不认可，从而失去激励作用。

9.3 问题三 缺乏内部公平性和外部竞争力

合理的薪酬体系不但在内部让人感到公平，还需要有外部竞争力。有不少企业的薪酬体系对内缺乏公平性、对外缺乏竞争力。

在"内部公平性"问题上，要特别提出来的是"同工同酬"的概念。对于"同工同酬"中的"同工"，现在有很多种理解，比如"同岗位""同岗位同资历""同岗位同能力"等。对内缺乏公平表现在：一些企业的核心员工、关键员工和普通员工的薪酬差距小，分配不公平，造成激励和约束作用很差，这也会影响到员工的总体工作态度，甚至会影响到他们对企业的承诺度。

谈到"外部竞争力"主要是指企业薪酬对市场，同行业竞争对手的影响。对外缺乏竞争力表现在：企业员工会将自己的薪酬水平与外部相同行业、相同地区、类似岗位人员的薪酬相比较，如果薪酬水平低于外部市场薪酬的平均水平，那么员工就会产生不满情绪，甚至跳槽。薪酬体系在制定过程中考虑的企业内部因素主要包括岗位价值、员工工作业绩、员工个人能力。另外，还要考虑外部因素，包括国内外市场薪酬行情，还有就是股票期权等的影响。

以下是基于外部市场比对常见的4种薪酬策略，如表9-1所列。

表 9-1 常见的 4 种薪酬策略

项目序号	薪酬水平策略	含义	优势	劣势
1	领先型	高于市场平均水平	提高员工收入，提升员工忠诚度，有助于员工改进绩效，有助于提升企业形象及知名度	企业薪酬总额成本高，业绩压力和薪酬管理压力增大
2	跟随型	与市场平均水平基本持平	薪酬体系建立难度小，薪酬管理压力小	市场竞争力小
3	滞后型	低于市场平均水平	节约薪酬成本	招聘难，对员工吸引力小，新员工培养成本大
4	混合型	根据职位族（某一特定群体）、薪酬构成来确定具有竞争力的薪酬	有利于对薪酬总额进行把控；达到特定的稳岗、留人、人才激励的作用	需要一套成熟的薪酬制度和体系，管理难度大

领先型薪酬水平策略多数适用于发展势头强劲的新兴行业企业或在行业内业绩表现优秀的领先企业，关于"领先型薪酬策略有助于改进员工绩效"这一点，在实际操作中，我们也会发现"高薪酬反而拉低了员工的敬业度"的比较极端的案例。

例如，谷歌无人驾驶项目给员工的待遇过高，以至于项目团队成员很快达到了个人财务自由的水平，而工资收入就变得不是那么不可缺少了。因而，我们也不能简单地将"高薪酬"和"高绩效"视为正相关的关系。

跟随型和滞后型的薪酬水平策略本身没有特别明显的优势，但却是被绝大多数企业采用的方式。这和多数企业所处的行业现状以及企业业绩表现是有很大关系的。

混合型的薪酬水平策略则是在前面三种的基础上，通过对薪酬进行拆解，采用了"田忌赛马"式的方法，对薪酬的各部分作了有针对性的调整。比如，公司重点岗位、关键职位的员工薪酬高于市场薪酬平均水平，其他员工则低于市场薪酬平均水平；薪酬总额高于（或低于）市场薪酬平均水平，但其中基本薪酬低于市场薪酬平均水平,奖金、福利等薪酬高于市场薪酬平均水平。这样的"混搭"既能够把薪酬总额控制在一定水平,也能达到有特定指向性的稳岗及激励作用。

提供具有公平性和竞争力的薪酬。薪酬体系是激励员工最直接、最有效的福利政策。在薪酬激励中,要敢于张扬人才优势,要重点突出"人才优势是员工薪酬的分水岭"。

在企业内部,应使薪酬分配存在合理的差距,首先应做好企业内部的岗位评价和岗位分析,从根本上解决薪酬对内的公平问题;对于外部,与同地区、同行业及类似岗位的市场平均薪酬水平相比较,企业所提供的薪酬要具有相当的竞争力,以确保企业的薪酬在市场中保持竞争力,确保能吸引并留住企业所需要的核心员工和团队。

9.4 问题四 处理不好新进员工与老员工的关系

引进外部职业经理人是目前很多企业充实自己人才库最便捷、高效的一种人才招聘方法。而企业老员工则是指那些跟随企业多年,甚至是初创时期的骨干人员。现在高薪招聘新进员工已经成为很多企业的常规做法。在企业创业阶段,或希望企业再向新高度进军时往往需要借助新进员工的力量,这对于企业临时强化人才综合素质有一定作用。但这也无形中引发了企业老员工的不满,最核心的原因在于薪酬问题。

那么,如何处理好新进员工与老员工的关系,成为薪酬方案设计过程中不可忽略的一个方面。否则,就会引发诸多人事问题,给企业带来巨大损失。

刘锋是一家初创电子企业的CEO。该公司是他和几位合伙人一起发起成立的,主要经营电子产品生产业务,即根据客户订单的时间、产品型号、质量要求进行定制化生产。公司组织架构主要有市场部、销售部、人力资源部、企划部、财务部和生产部。在过去几年里，由于公司全体员工的辛勤劳动，公司取得了突破性的发展。

刘锋手下有5名部门经理，年龄从37岁至46岁不等，学历是本科或硕士，在公司服务年限均超过5年，都是公司老员工。他们工作勤勉、踏实，相处和谐，年薪在12万元到15万元之间。

然而，由于当时电子产品制造业的发展前景不是很乐观，业务竞争越来越激烈。刘锋为了实现公司的可持续发展，与几位合伙人深入讨论和研究，而后决定成立一个IT产品研发部门，目的是推出公司自己研发的电子产品，并在一年内形成自己的品牌。但存在一个问题，就是这个新成立的部门缺少一个负责人，且目前公司内没有能担任此职务的人员。最后，猎头公司为刘锋提供了一个各方面条件都特别合适的候选人，王鹏，36岁，某大学计算机专业博士毕业，5年同类岗位的工作经验，在IT行业声誉良好，期望年薪30万元。刘锋决定录用王鹏，并要求他一周内入职。

王鹏入职后，很快投入工作中，工作开展得有声有色，这让刘锋非常满意。但问题来了，公司其他几个部门负责人得知了王鹏的年薪后，心中不悦，消极怠工的情况慢慢显露，并且这一问题越来越严重，几个部门负责人联合起来，总是以各种各样的借口拖延工作，尤其是不配合IT产品研发部门的工作。为此，刘锋召集公司所有部门负责人就部门配合协调开展工作事项进行了研讨，并当场批评了不配合工作的部门负责人。过了几天这几个部门的负责人，纷纷向刘锋提交了辞职信。企业还要运转下去，面对这种情况刘锋该如何处理？

从本案可以看出，刘锋作为CEO出于对企业未来发展战略的考虑，采取了扩展公司业务范围、增设研发部门的举措。此举无疑对企业的长远发展是个利好。刘锋在与合伙人沟通确认此事后，很快就决定录用王鹏作为该部门的经理。但却因对此事处理不当引发了企业的"人事地震"，导致多个部门负责人的纷纷提出辞职，那么究竟是哪些地方出了问题以致导致了这么严重的后果呢？

我们结合本案例进一步分析。本案例是一个非常典型的新进员工与企业老员工之间产生矛盾的问题。

公司出于战略考虑想增设部门的事情经过合伙人之间的讨论已确定，本没有错。但问题出在当高层确定了新的组织结构调整方案后，没有及时责成人力资源部来设计具体实施方案，而是仓促上马，这为日后频频出现问题埋下了隐患。

（1）组织结构调整问题。组织结构调整方案某种程度上可确定薪酬体系的大致框架，通常来讲是在整套方案成熟之后再推出薪酬体系。组织结构调整方案一般包括以下内容，岗位的职责、权限、薪酬、绩效及任职资格等。明确这些内容会避免后期工作的被动，对企业或新进员工都是有好处的，可避免可能出现的分歧和争论，确保大家能集中精力投入到正常工作中。

（2）人选问题。公司管理层对这些重要文件的认可后，下一步就是人选问题了。一般来讲，对公司重要岗位的人选任用，最好按正常的人事程序通过公开对外招聘，不是简单地由老板一人拍板包办。这样才能体现公司的规范化管理，也能体现内部公平竞争的原则，对研发部经理这一重要岗位的人选更是如此。本案例中王鹏的到来，基本上是由刘锋一人决定的，从而引发了其他高管的不满。

企业应将岗位设置要求公开，给内部人员参与竞争的机会，这样企业老员工才能对外来人才有充分的认识和了解；这样竞争的结果即使选用了外部新人，大家也会心服口服。

可见，新进员工和老员工的薪资矛盾，如果处理不好，必将是一件非常麻烦的事情。那么，如何解决新进员工与老员工的薪资矛盾呢？可从如图9-2所示的3个方面入手。

图9-2 解决新进员工和老员工薪资矛盾的3个做法

① 考虑薪酬设置的合理性。新设岗位薪资远远高于老员工的薪资，这会让老员工难以接受。如果有必要加大薪资差距才能招到合适的人才，那也应该通过

对该岗位进行工作分析，有理有据地提出薪资标准才好服众。因薪资是个很敏感的问题，稍有不慎就会给企业造成损失，因此，对此类事情的处理一定要谨慎。

② 薪酬与绩效目标相结合。现代薪酬体系具有分配考量元素多元化、分配方式多样化、侧重激励及长效性等特点，可采用更具有激励性的方法来设置薪资结构，并与绩效目标相结合来确定岗位的薪资。如果仅用传统的薪酬管理方式来简单处理薪酬问题，难免会造成内部人心浮动，让老员工心里不服：似乎企业忽视了他们的贡献和存在。

企业老员工身上也有着很多闪光点：他们往往很认同企业文化和价值观，忠于企业，愿意长期为企业服务，执行力强，是企业发展的坚实基础。因此，企业也应为他们考虑制定一些有效的薪资政策来对他们的贡献给予回报，不能只顾关注新人而冷了他们的心。

③ 多沟通，获取理解。做任何事情多沟通是必不可少的，一旦沟通不到位，意见或建议就无法达成一致。正如案例中刘锋的做法之所以遭到大多数老员工的反对，引来辞职风波，就是事先没有充分沟通。一心想以短、平、快的方式来尽快弥补人才短缺问题，出发点很好只是方法欠妥，此现象经常是好心办了"坏事"。因而，只需找到问题的症结所在，立即补救一下，局面还是可以挽回的。出色的企业管理就是能通过规范的做法来化解掉可预见的各类问题，并为企业的顺利经营保驾护航。

9.5 问题五　盲目照搬大企业经验，与本企业战略脱节

很多企业的薪酬体系盲目照搬大企业的经验，从而使其与自身的战略脱节。企业发展策略是实施薪酬计划的灵魂。薪酬与企业经营战略、人力资源战略不协调的，实施就必然方向不明。

根据企业的经营战略不同，薪酬策略也应该存在差别。但是，目前我国大多数企业实行统一的薪酬策略，在很大程度上是与企业的经营战略脱节的。例如，对于处在成熟阶段的企业，其经营战略与成长阶段不同，因此，薪酬制度也应该有相应的调整与变动，但是有些管理者并没有将员工的薪资水平给予适当地调

整。又例如，一些企业声明将股东的长期利益作为它的策略目标，然而实际上企业却着重于奖励短期经营业绩，这就导致了薪酬制度与经营战略之间的错位。

薪酬制度与企业战略必须高度关联，体现企业战略需要。薪酬管理的目的是帮助企业实现战略目标。因此，在进行薪酬系统具体设计之前，企业要结合自身的不同发展阶段和相应的薪酬政策，从战略层面进行分析和思考，这样才能确保在薪酬战略指导下设计出来的薪酬体系适合企业的发展。一个良好的，并具有导向性的薪酬制度必须与企业发展战略相适应，与企业发展战略相一致的薪酬制度将和企业战略、核心技术一样，成为企业的核心竞争力，为企业创造一种持续的竞争优势。

薪酬制度与企业战略是否统一决定了制度是否能够有效实施。因此，薪酬制度需要服从于企业发展战略，没有战略的指导，制定出来的薪酬体系很难适合企业的实际，不利于企业的长远发展。

9.6　问题六　缺乏透明度

薪酬保密似乎是个不成文的规定，又称为模糊薪酬制，即员工之间不知道彼此的薪酬。"模糊薪酬制"具有一定普遍性，在很多企业流行，而且会以不同的形式表现出来。比如，有的企业明确规定薪酬保密制度，有的企业采用分阶段、分部门秘密付酬，有的企业甚至采取发"红包"的形式付酬。

薪酬保密是舶来品，从西方人力资源管理学中薪酬谈判实践得来，但具体运用到企业薪酬管理中确是有百害而无一利。

比如，会造成信息的不对称，而心理学认为，大多人在工作中会有这样的心理，高估自己的贡献，而低估自己的缺陷，信息的不对称会加剧员工的怀疑。

再比如，会引发员工的不满情绪，薪酬保密会引起员工的好奇心而四处打听，会出现互相猜测和怀疑，他们会经常认为他人的薪酬高于自己的薪酬，也会因此产生不满情绪。再如果得知同事的薪酬比自己高，但是又觉得对方工作不如自己干得好，自然而然地引起愤怒不满情绪，甚至消极怠工。

薪酬保密问题一直以来都是一个非常敏感的问题。薪酬到底是"保密"还是"公开"，对许多企业的HR经理来说始终都是一个令人十分头疼的问题。很多企业都制定薪酬保密制度，但效果究竟如何，恐怕还真要打个大大的问号。其实，从管理的角度看，企业必须确保薪酬的透明度，透明化的薪酬才能让员工体会公平，有利于企业各部门和岗位分清职责和权限，使各种制度有章可循、奖惩分明。消除因不透明、不公平，引起员工不满的弊端。

将薪酬信息正确地传达给每位员工，并向员工解释清楚，可以减少员工作出错误的猜测，使员工对企业的薪酬有正确的认识，了解每个岗位和工作薪酬确定的依据及其合理性，并且保证薪酬分配的公平合理，从而端正员工的工作态度。

当然，所谓的薪酬公开并不是完全公开，这里有个界限。企业管理需要做到薪酬的"公开"与"保密"有效兼顾。如何去兼顾，需要注意以下3个问题，如图9-3所示。

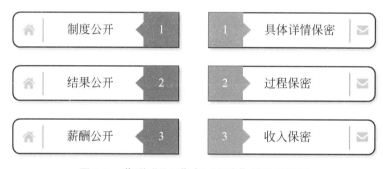

图9-3　薪酬"公开"与"保密"的有效兼顾

（1）制度公开，具体详情保密。薪酬是没必要完全公开或保密的，比如，制度、政策要公开，如薪酬结构、标准、核算方式等。而某个员工最终拿到多少薪酬，是如何得到的则需要保密，目的是让员工减少盲目攀比，引发无谓的不满。制度公开可让员工了解自己的薪酬情况，员工感到还是很公平、公正的，从而促使员工建立了信任，也就打消了猜疑的念头，大大降低了员工相互之间"打听"别人薪酬的兴趣与好奇心，能够将主要精力投入到积极的工作中。

（2）结果公开，过程保密。适用于实施绩效考核的企业，由于其薪酬一般会涉及绩效薪酬，这就需要对绩效考核结果进行公示，增加公平公正性。比如，季度考核，考核结果可在内部进行公示，部门领导对绩效未达标人员进行绩效面谈，帮助其制订绩效改进计划。这一方面确保了绩效薪酬的公开公平性，另一方面也起到了一定激励作用，有助于提高绩效改进。

（3）薪酬公开，收入保密。在这里提醒一下，薪酬公开不等于收入公开，在很多情况下需要对员工的收入做好保密工作。收入可能会不同，但是薪酬是相对公平的。所以，在薪酬公开的同时，要让员工树立正确的薪酬观念，有利于员工间的良性竞争，不要自作聪明地去打听别人的收入，而应该更多地去了解薪酬体系，否则痛苦的可能只有自己。很多时候，平常心对待薪酬，知道不说破，鞭策自己成长，反而是获得高薪酬的最好方式。

第10章 企业绩效考核与薪酬设计实用表格

本章以表格为主,列举了绩效考核和薪酬设计过程中常用到的制度、方案、细则、各种表格的模板。可以说,是对全书内容的一个补充,方便读者在阅读时即时查阅。由于实用性、可读性皆强,可大大提升读者的阅读效果,以让其快速掌握本书的内容框架。

10.1 绩效考核类表格

10.1.1 绩效考核实施办法（细则）模板

项目	涉及的内容	范例（某公司绩效考核实施办法）
1	考核目的	为有效推动部门员工各项工作，通过绩效管理让员工有计划、按规定、保质保量完成工作，人力资源部建立了部门员工绩效考核实施细则，各部门可参照执行
2	考核原则	严格遵循"公平、公正、公开、科学合理"的原则，真实、有效反映被考核人员的实际情况，避免因个人或其他主观因素影响最终考核结果
3	适用范围	适用于各部门对主管及以下人员的考核
4	考核内容	1. 通用考核（占比20%）：主要考核公司规章制度遵守情况、出勤状况、工作态度、团队精神等内容，通用考核内容每月相对固定不变。 2. 工作任务考核（80%）：主要考核员工月度工作计划完成情况（完成进度、质量及完成率）
5	考核周期	部门考核为一月考核一次
6	考核分值	考核总分100分，其中通用考核占20%，工作任务考核占80%
7	考核方式	部门考核采用逐级考核的方式，如经理对主管考核，主管对基础员工考核。若无上级主管，直接由经理考核
8	工作任务考核操作流程	1. 制订月度工作计划。部门一般员工每月月底前制订好个人下月月度工作计划并提交给部门主管（无上级主管的，直接提交经理），主管审核月度计划是否全面完整并适当修改。主管的工作计划须提交经理。 2. 工作计划转化为可考核的目标。主管（或经理）将员工工作计划内容进行定量或定性，并根据每项计划内容的重要程度配比一定的分数，填写评分标准，添加到《绩效考核表》。 3. 考核目标确定并备案。部门员工考核目标确定后，部门将《绩效考核表》考核信息反馈给员工，并提交一份给人力资源部备案。 4. 执行考核。每月5日前，主管（或经理）依据《绩效考核表》内容对员工上月表现进行考核并评分，经理直接考核主管，主管考核一般员工。

续表

项目	涉及的内容	范例（某公司绩效考核实施办法）
8	工作任务考核操作流程	5. 绩效申诉。如被考核人员对考核结果有异议，可向直接主管领导提出，直接主管应及时给予答复。若被考核人员对直接主管的答复仍有异议，由直接主管将被考核人员的异议再向上级领导申报，上级领导及时给予答复。 6. 考核公示。对本部门员工的得分情况进行公示。 7. 绩效面谈。部门针对绩效考核业绩不佳的人员应进行绩效面谈，面谈由被考核人员的直接上级进行，绩效面谈结果应存入员工绩效考核档案中。 8. 考核存档。考核档案原件由部门自行存档，建立绩效考核档案，并复印一份送人力资源部，绩效考核档案的保存期为3年
9	考核奖励	部门员工的月度考核与年终奖进行挂钩，个人年终考核成绩为全年月度考核的平均分，即年度考核得分＝当年度所有月份考核分值总和/考核月数

10.1.2 绩效考核总结报告模板

项目	涉及的内容	范例（某集团绩效考核总结）
1	绩效考核工作的基本情况	对此次绩效考核工作做概括性的介绍。包括考核的目的、意义、取得的成果	1. 为分公司和项目部各岗位制定规范的考核指标。集团公司下设5家分公司。这5家分公司都是销售类型分公司，各分公司的经营内容基本一致，分公司间相同岗位的岗位职责也大致相同。因此为各岗位制定规范的考核指标，有利于对各分公司的绩效考核工作进行指导与比较。为了保证考核指标能够与各岗位的实际工作相契合，集团公司副总经理××，集团公司企业发展部经理××，人力资源部经理××，以及其他相关人员在一起经过多次的讨论，最终在××年形成了一整套针对分公司和项目部各岗位的考核指标体系。该体系包含A+、A、B三类指标，分别适用于A+、A、B类分公司。每一类指标中包含此类分公司中所有管理和技术岗位的考核指标。 2. 对集团公司总部各层级管理人员，以及分公司经理、副经理，项目经理进行了绩效管理知识的培训

续表

项目		涉及的内容	范例（某集团绩效考核总结）
1	绩效考核工作的基本情况	对此次绩效考核工作做概括性的介绍。包括考核的目的、意义、取得的成果	××年××月，由人力资源部经理对集团公司总部管理人员和分公司的经理、副经理和项目经理进行绩效管理知识的培训，并宣传绩效考核工作。由于集团公司常年任务繁重，一部分管理人员把大部分的精力都放在了寻找客户上，对管理方面知识积累和储备不足，对绩效管理了解得很少，存在一定的错误理解，更有甚者对绩效管理、绩效考核等名词都一无所知。因此对管理人员进行绩效管理知识的培训是非常必要和有效的。
2	绩效工作开展情况	包括部门绩效考核工作、员工个人绩效考核工作，以及考核结果的公示	1. 部门绩效考核工作 ××年年初，根据分公司组织人事处和中心的要求，在总结××年绩效考核存在的问题和不足之后，修订和完善了部门绩效考核办法和目标责任书。部门考核依据签订的责任书，由各专业考核小组进行考核。考核小组成员遵循公平、公正的原则，实行"严考核、结果申诉、汇总上报、领导审定、公布结果"五步流程。年终，取四个季度考核的平均分作为年度考核结果。并将考核结果与个人收入挂钩，实行严考核、硬兑现，起到了以考核促进工作落实、以考核激励工作热情的目的。考核过程中，从考核负责人到参与考核的人员都能尽职尽责地对待考核，坚持原则，严格按照考核细则打分，保证了考核结果的准确性和真实性。绩效考核办公室认真履行职责，每季度及时组织开展考核，准确收集保存各种考核原始资料，很好地完成了绩效考核工作领导小组赋予的使命。 2. 员工绩效考核工作 员工考核方面，我们分为中层管理干部考核和员工考核。中层管理干部考核分为两个部分：70%与部门考核挂钩，30%由中心领导年终打分得出。打分内容主要涉及德、能、勤、绩、廉五个方面。员工考核分经营管理人员和技能操作人员，由部门负责人每个季度从目标完成/工作方法、工作效率、工作能力、工作态度、工作饱和度、上进心/安全环保意识、发展潜力、遵章守纪、工作协调、责任感、精神文明等十一个方面进行评分，年终，取四个季度考核的平均分作为年度考核结果。

续表

项目	涉及的内容	范例（某集团绩效考核总结）
2	绩效工作开展情况	包括部门绩效考核工作、员工个人绩效考核工作，以及考核结果的公示	3. 公示考核结果 中心在考核结束后，在厂务公示栏里及时公布考核成绩，给各部门下发《整改通知书》，使部门、员工认识到自己在考核期内主要的工作成绩与不足。月度预兑现，年终总兑现，提高了干部、员工的工作积极性和主观能动性，重点突出岗位劳动和业绩贡献。员工的收入与其岗位责任、技术水平、劳动业绩挂钩，完全打破了以往论资排辈、好坏一样、平均主义等诸多弊端，使绩效工资真正起到对员工的激励作用，从而改进和提高了工作效率
3	绩效考核中存在的主要问题	包括考核者存在的问题、被考核者存在的问题。比如，考核指标错误或不够细化、考核小组部分人员专业度低；员工对绩效考核的认识有待进一步提高	对照战略要求，××年绩效考核工作基本解决了原来绩效工资与个人工作业绩无明显关系以及绩效考核不考核工作过程的问题。这一年来虽然相关人员都投入了大量的精力，努力去探索和实践，但绩效考核工作仍然存在不少的问题。具体表现在： 1. 接受心态方面 虽然绩效考核工作已经被员工所接受，但这种接受更多地表现为一种被动的接受。很多人是将其作为一项不得不完成的任务来对待的，认为是集团公司克扣大家工资的一种手段，因此在执行的过程中会产生抵触情绪，并且人为地去调整考核的结果。 2. 指标方面 （1）项目部考核指标设定过于理想化，参与指标制定的人员中，有实际项目部经验的人偏少，因此，制定过程中往往考虑的都是理想状态，忽略了很多实际状况。 （2）有些指标的可操作性不强。绩效考核中，有些指标所需要的数据很难获得，难以计算出准确的结果；有些指标很难量化，定性评分带有很大的主观性和随意性，很难保证考核的公正与公平。 （3）考核指标选取覆盖面不足，某些岗位考核指标的选取没有覆盖到其关键业务。对部门经理或分公司中层管理人员的考核，一般只选取了技术方面的指标，对于一些管理职能方面给予的考核不够。集团公司的发展必须要提升集团公司的管理能力，绩效考核的目的也是为了改善和提升个人和集团的业绩。因此应该通过绩效考核来全面提升个人和集团的软实力

续表

项目	涉及的内容	范例（某集团绩效考核总结）
4	整改措施	绩效考核总结报告的重点内容，需要针对存在的问题做详细的研究分析和阐述	对各专业考核组成员进行培训，并根据工作实际、工作性质对部分人员进行调整。 1.员工绩效考核方面，在分公司二季度内控检查时提出：未明确将"个人道德行为"纳入员工年度考评中；在个人绩效考核指标中"职业道德"指标不够细化。整改措施：在××年年末组织员工年度考评时，发通知将"个人道德行为"的内容纳入中层干部和员工的综合考核表中；组织各部门根据岗位特点细化"员工绩效考核表"中的考核指标，将"职业道德"细化到各指标中，××年执行新考核表。 2.员工对绩效考核的认识还需进一步提高。整改措施：××年通过多种形式对中心员工进行培训，提高认识。××年，中心绩效考核组将深入了解本单位的生产业务内容，充分结合生产经营目标任务，不断完善对部门、员工的考核体系。从中心和员工的利益出发，进一步修订绩效考核制度和岗位工作量化标准，认真做好员工、中层干部的绩效考核工作，及时收集员工的建议和意见，相互沟通，做好解释、协调工作，使中心的绩效管理工作更上一层楼

10.1.3　年终绩效奖金分配方案模板

项目	涉及的内容	范例（某工程部绩效奖金分配方案）
1	目的	坚持绩效优先、兼顾公平，实行按劳分配、多劳多得的原则，努力激发全体员工的积极性、主动性和创造性、激发工程部的内部活力，提高员工的主人翁意识，塑造以服务为核心，并通过绩效考核，促进工程部内部力量壮大，更好地服务于一线部门
2	分配依据	奖金与个人绩效考核结果挂钩，参照个人考勤情况、职务高低、工作表现、创新成果、节能降耗、部门贡献等，依次进行奖金分配
3	分配原则	1.贯彻执行多劳多得，少劳少得，不劳不得，履行岗位职责，注重工作质量，合理拉开差距的原则，进行奖金的分配。 2.部门在进行内部奖金分配前，扣罚的奖金留作部门基金，作为部门特殊贡献奖、技能优胜奖及优秀班组奖，或者直接发放给当月表现突出的员工。 3.部门职务职称分配系数和公司奖金发放系数一致；

续表

项目	涉及的内容	范例（某工程部绩效奖金分配方案）
4	细则	1. 与考勤挂钩 1）迟到、早退、溜号，一次减 ____ 元，二次减 ____ 元，三次取消当月奖金； 2）请假按日奖金额 × 请假时间计发； 3）有旷工行为者，一天扣除 ____% 奖金，两天取消当月奖金； 4）员工试用期内不享受绩效奖金，病假、事假、产假、工休假、婚假不享受奖金； 5）员工当月事假累计休 ____ 天（工作日）或以上的免除当月奖金；员工当月病假累计休 ____ 天（工作日）或以上的免除当月奖金； 6）未遵照正常离职手续离职的员工不享受当月奖金。 2. 与工作态度挂钩 1）违反公司及部门有关规章制度者，经领导小组根据情况决定后按比例扣发奖金； 2）不服从上级工作安排者，一次减发奖金 ____%，二次减发奖金 ____%；三次减发当月奖金，态度恶劣者停发奖金两个月； 3）员工如果被书面警告，本月度扣除 ____% 奖金；如果被口头警告，本月度扣 ____% 奖金； 3. 与工作表现挂钩 1）发生个人差错或责任事故等，根据其后果的严重程度，在奖金中按比例进行相应扣除； 2）员工个人卫生管理不到位，受到上级或质检部门罚款者，扣除本月 ____% 奖金； 3）以组为单位，在各自的区域内，卫生管理不到位，以1分为一个单位，每增加1分，扣除该组当月 ____% 的奖金，依次累加； 4）设备维保不到位、维修滞后现象，受到领导及一线部门投诉的、经查明情况属实的，根据情况扣除该组及个人相应的奖金。 4. 与个人业绩挂钩 1）能为公司降低能源消耗，节约成本，提出合理化建议，经实施考核卓有成效者，根据所作出的贡献大小，经领导班子决定后合理增加奖金； 2）在工作中随机应变，服务周到细致，受到客人好评，给公司赢得良好口碑，受到领导嘉奖及其他部门认可者，按一定比例增加奖金；

续表

项目	涉及的内容	范例（某工程部绩效奖金分配方案）
4	细则	3）在工作中积极进取，积极打理宿舍卫生、办公室卫生，收到公司质检表彰的； 4）发现事故苗头，及时采取措施，防止事故发生者，根据情况增加奖金发放； 5）工作经常加班加点，不计报酬、不计个人得失者，根据表现增加奖金发放； 6）对本专业的工艺流程或设备设施管理、维护，提出合理化建议，节约物料消耗或延长工具使用寿命者，增加奖金发放； 7）信息反馈及时，数据提交及时，领导交代的任务完成及时，公司组织的活动积极参与者，增加班组的奖金发放
5	备注	本方案在执行过程中需完善调整及未尽的事宜，经工程部领导班子研究决定，报主管副总批准后执行。

10.1.4　360°考核方案模板

项目	涉及的内容	范例（某工程部绩效奖金分配方案）
1	目的	为了建立、健全我公司的绩效管理体系，使员工的工作得到认可并提高员工的绩效，提高各职能部门的满意度，增强各职能部门内部的团队合作精神，理顺各职能部门之间的关系和运作，提升团队业绩，使公司得到持续性发展，经研究，特制定××××年度绩效考核办法
2	基本目标	通过绩效考核达到以下目标： 1. 促进公司整体目标实现，提高整体运作能力和竞争力； 2. 加强部门之间的沟通与协作，提升团队士气，降低企业内耗，理顺部门关系，提高团队业绩； 3. 帮助每个员工提高工作绩效与工作胜任力，建立适应企业发展战略的人力资源队伍； 4. 促进管理者与员工之间的沟通与交流，形成开放、积极参与、主动沟通的企业文化，增强企业的凝聚力

续表

项目	涉及的内容	范例（某工程部绩效奖金分配方案）
3	基本原则	公平：考核标准公平合理，人人都能公平竞争； 公开：考核实行公开监督，人人掌握考核办法； 公正：考核做到公正客观，考核结果必须准确
4	适用范围	本办法考核时限为 _____ 年 1 月 1 日至 ____ 年 12 月 31 日，适用于全体员工
5	考核内容	1. 部门员工考核：工作态度、经验学识、工作绩效； 2. 管理人员考核：工作态度、领导能力、工作绩效； 3. 员工互评考核：德、才、勤、纪、果。
6	考核等级	A：优秀——总是超过标准指标且各项表现卓越。（5分） B：良好——员工该项表现较好，无突出表现及过失。（3分） C：合格——员工该项符合标准且无较大过失。（1分） D：差——员工该项表现很差且各项表现均不达标。（-1）
7	考核流程	下发____年终绩效考核合同 ↓ 根据日常工作中工作态度、上下级沟通、协作等完成绩效合同中各项考评 ↓ 设置考评比例 ↓ 设置考核职权体系 考核职权体系 （1）以普通员工为主体（即普通员工为被考核人）： 上级→下级 本部部长→员工（考评比重40%） 本部副总→员工（考评比重30%） 员工互评 员工→员工（服务对象）（考评比重30%）

续表

项目	涉及的内容	范例（某工程部绩效奖金分配方案）
7	考核流程	（2）以各部部长为主体（即部长为被考核人）： 上级→下级 本部副总→部长（考评比重20%） 其他副总→部长（考评比重20%） 总经理→部长（考评比重20%） 下级→上级 本部员工→部长（考评比重20%） 同级互评 部长→部长（考评比重20%） （3）以副总经理为主体（即副总经理为被考核人）： 上级→下级 总经理→副总（考评比重30%） 下级→上级 部长→副总（考评比重20%） 本部员工→副总（考评比重20%）
8	考核纪律	1. 各部门必须严格按方案规定的时间安排执行，不能延误。无故延误，公司将逐级追究责任。 2. 如员工因个人原因或非正当理由不参加自测自评，视该员工自动离职并按公司有关规定处理。 3. 测评人如无故不参加测评或徇私舞弊，视为不服从工作安排，作违纪处理。
9	年终考核兑现	1. _____年终绩效奖金基数为_____元。 2. 考评结果 考评结束后由人力资源部核实、计算汇总所有考核数据、分值。各岗级员工（员工、部长、副总）按同级平均分值高低排名。 3. 年终奖=年终绩效奖金基数×考评系数×_____年工龄系数×岗位年终绩效系数
10	考核结果反馈与申诉	被考核人如对考核结果持有异议，可以以书面形式向人力资源部提出申诉。由人力资源部负责调查、协调解决。 申诉流程 （1）人力资源部接到员工申诉后，应在___日内做出是否受理的答复。对于申诉事项无客观事实依据，仅凭主观臆断的申诉不予受理；（2）受理的申诉事件，首先由人力资源部对员工申诉内容进行调查，然后与员工上级领导进行协调、沟通、解决并填写《员工申诉处理记录表》

10.1.5 360°考核表

（1）360°绩效评估表（同级）

考核指标		评价内容	评定
团队协作	全局意识	系统地思考，主次分明，能以集体利益为重，不计个人得失	
		多数情况下，能够系统地思考和处理问题，绝大多数情况下能够以集体利益为重	
		能够较好思考和处理问题，但在分清主次轻重、系统化思考上还须加强	
		多数情况下，不能站在集体利益上考虑问题，无法分清主次轻重	
		完全从个人利益角度出发来计算 或衡量得失，不顾及集体利益	
	协作意识	能够牺牲个人利益，和他人通力合作，积极达成目标	
		充分理解团队目标，乐意为实现团队目标作贡献	
		理解领导意图，主动为领导者分担责任，乐于协助团队其他成员，共同努力	
		只关心本职工作，对其他工作不闻不问	
		只关心个人利益，难与其他团队成员合作，甚至影响团队工作氛围	
	服务意识	在工作中具有服务意识，主动为其他团队、岗位的工作服务	
		有较强的服务意识，大多数情况之下能够为他人服务	
		服务意识一般，在工作难度不大的情况下，能够为他人服务	
		服务意识较差，不主动服务于他人	
		服务意识非常差，完全根据个人情绪决定，只希望得到他人的服务	
工作能力	基本业务能力	积极进取，不断自我提升，一专多长，完全具备高质量完成本职工作的能力	
		能够不断地自我完善，业务能力强，对本职工作的各项内容得心应手	
		具备完成本职工作的一般技能和技巧，基本能够完成分内的各项工作	
		具备较好的基础或潜力，但在技能、技巧上仍有所不足，还需一定的指导和培养	
		基本技能、技巧未达到要求，不主动提升，虽经指导亦不能完成基本工作内容	

续表

考核指标		评价内容	评定
工作能力	计划能力	能及时准确发现问题并把握问题发展趋势和关键，能制订细致周密的计划方案	
		能准确地发现问题并较周密地思考问题，制订出较为有效的计划方案	
		能及时发现问题，思考欠周密，对于难度较大的问题把握不大	
		能及时发现问题，但把握不住问题的关键，制订的计划思路重点模糊，较难奏效	
		不能及时发现问题，更谈不上制定计划方案	
	创新能力	积极创新，不断自我剖析和改进，推动创新工作，完成多项开拓性质的工作	
		富有创新意识，能够积极参与开拓创新工作	
		有创新意识，能够对自己的工作不断改进和提高	
		少有创新，偶尔能够提出初步建议，但较少有实质性工作创新和改进	
		极少创新，安于现状，完全按章办事，不能打破现有的思路和陈规	
	沟通表达能力	说服力强，具备较强的沟通技巧，富有亲和力，文字表达结构严谨，简练流畅	
		说服力较强，善于疏导，文章结构合理，文字简洁	
		有一定的疏导技巧，尚能被他人接受，文章通顺，较简洁，很少语病	
		说服力较差，勉强被他人接受，书面表达能力较差	
		说服力差，态度生硬，缺乏技巧，零乱不规范，表达能力差	
工作态度	原则性	坚持原则，敢于碰硬，依制度办事，能够同违规行为作斗争	
		原则性较强，是非分明，积极进行批评与自我批评	
		一般情形下，能够做到坚持原则	
		原则性较差，碍于人情关系，默许或纵容违规行为	
		原则性极差，不能坚持基本的工作原则，甚至自身出现违规行为	
	责任心	勇于接受挑战承担责任，为实现目标尽全力，能彻底达成任务，可放心交办工作	
		能不断自我改进和提高，顺利完成交办的任务，可以交付工作	
		工作上不断改善，尚有责任心，能够如期完成任务	
		责任心不强，遇到问题不能主动解决，经常需要他人督促方能完成	
		工作避难就易，挑挑拣拣，虽经他人时时督促，仍无法如期完成工作	

续表

考核指标		评价内容	评定
工作态度	品德诚信	品行廉洁，言行诚信，以身作则	
		品行廉洁，绝大多数情况下能够把握分寸、以身作则，诚恳待人	
		无违纪违规行为发生，能够遵照公司要求与社会道德标准处事	
		偶尔有违规行为出现，但影响不大，很难得到他人的信任	
		品行不佳，言行有损公司形象，虚与委蛇，城府较深，令人无法信任	
评语及建议			

评价人姓名：

（2）360°绩效评估表（上级）

考核指标		评价内容	评定
工作业绩	目标完成情况	积极制定目标，且超出工作计划完成更多的工作	
		能够制定目标，及时完成工作目标，积极参与配合工作目标之外的其他工作	
		根据工作计划，能够及时完成工作目标	
		基本完成目标，极少数次要目标未完成	
		较多工作目标或重大工作目标未完成	
	工作质量	无需技术指导，工作质量突出，无任何差错，能够完成难度较大的工作任务	
		基本不需要技术指导，工作质量较高，无重大失误和差错	
		需要适当的工作指导，能够按照要求完成工作	
		需要一定的技术指导，工作质量处于一般平均水平	
		工作质量低劣，常有差错发生或出现重大差错	
	品质意识	重视工作品质，严格按照公司统一制度和标准工作	
		品质意识较强，能够按照公司的统一制度和标准工作	
		品质意识一般，偶尔出现品质要求不严，但未对公司造成影响	
		品质意识较差，经常出现品质要求不严现象	
		品质意识很差，只追求数量，不注重实际效果	

续表

考核指标		评价内容	评定
工作能力	基本业务能力	积极进取，不断自我提升，一专多能完全具备高质量完成本职工作的能力	
		能不断地自我完善，业务能力强，对本职工作的各项内容得心应手	
		具备完成本职工作的一般技能和技巧，基本能够完成分内的各项工作	
		具备较好的基础或潜力，但在技能、技巧上仍有所不足，还需一定的指导和培养	
		基本技能、技巧未达到要求，不主动提升，虽经指导仍不能完成基本工作内容	
	领导和策划能力	善于领导下级，保持高昂的士气，有系统地策划工作，积极达成目标	
		灵活领导下级，营造融洽的工作氛围，能顺利达成工作目标	
		能够领导下级，并策划一般性工作，能够完成工作目标	
		尚能领导下级，但士气不高，能够完成交办的事项，在策划改进方面尚待提高	
		领导不佳，未得下级信赖，出现抱怨等情形，缺乏一定的策划力	
	创新能力	积极创新，不断自我剖析和改进，推动创新工作，完成多项开拓性质的工作	
		富有创新意识，能够积极参与开拓创新工作	
		有创新意识，能够对自己的工作不断改进和提高	
		少有创新，偶尔能够提出初步建议，但较少有实质性工作创新和改进	
		极少创新，安于现状，完全按章办事，不能打破现有的思路和陈规	
	沟通表达能力	说服力强，具备较强的沟通技巧，富有亲和力，文字表达结构严谨，简练流畅	
		说服力较强，善于疏导，文章结构合理，文字简洁	
		有一定的疏导技巧，尚能被他人接受，文章通顺，较简洁，很少语病	
		说服力较差，勉强被他人接受，书面表达能力较差	
		说服力差，态度生硬，缺乏技巧，零乱不规范，表达能力差	

续表

考核指标		评价内容	评定
工作态度	原则性	坚持原则，敢于碰硬，依制度办事，能够同违规行为作斗争	
		原则性较强，是非分明，积极进行批评与自我批评	
		一般情形下，能够做到坚持原则	
		原则性较差，碍于人情关系，默许或纵容违规行为	
		原则性极差，不能坚持基本的工作原则，甚至自身出现违规行为	
	责任心	勇于接受挑战承担责任，为实现目标尽全力，能彻底达成任务，可放心交办工作	
		能不断自我改进和提高，顺利完成交办的任务，可以交付工作	
		工作上不断改善，尚有责任心，能够如期完成任务	
		责任心不强，遇到问题不能主动解决，经常需要他人督促方能完成	
		工作避难就易，挑挑拣拣，虽经他人时时督促，仍无法如期完成工作	
	团队精神	能够牺牲个人利益，顾全大局，和他人通力合作，积极达成目标	
		充分理解团队目标，乐意为团队目标作贡献	
		理解领导意图，主动为领导者分担责任，乐于协助团队其他成员，共同努力	
		只关心本职工作，对其他工作不闻不问	
		只关心个人利益，难与其他团队成员合作，甚至影响团队工作氛围	
评语及建议			

评价人姓名：

（3）360°绩效评估表（下级）

被考核人基本信息					
姓名		入职日期		考核周期	
隶属部门		岗位名称			
与被考核人的关系					
年度绩效考核评分					
考核项目	考核内容			评分	单项得分
计划控制能力					
分析决策能力					
沟通协作能力					
专业知识技能					
注：					
意见与建议					

10.1.6 高层以上领导综合考核表

考核项目	考核内容	平分等级			
		好	较好	一般	较差
工作业绩评价	岗位职责范围完成情况				
	公司布置的任务完成情况				
	年度工作目标完成情况				
品德、能力素质评价	思想理论水平：能掌握政策并指导工作				
	本职业务能力：熟悉本职与相关业务，能完成业务				
	组织协调能力：能合理安排工作，协调其他部门关系				
	调研综合能力：进行组织调查研究，提出对策				
	用人能力：能指导下级工作，并对下级作出公正评价				
	口头表达能力：口头表达逻辑清楚，有说服力				
	文字表达能力：能独立完成各种文字工作				
	法纪观念：廉洁奉公，遵守并维护法纪				
	改革创新能力：能接受新事物，工作有创造性				
自我述职评价	自我评价客观，对自身问题能认真分析				
	对今后努力方向明确，整改措施切实可行				
	综合评价等级				

10.1.7 普通员工考核表

姓名：　　　　　部门：　　　　　岗位：　　　　　考评日期：

评价因素	对评价期间工作成绩的评价要点	评价尺度					
		优	良	中	合格	差
工作态度	A. 严格遵守工作制度，有效利用工作时间；	14	12	10	8	6
	B. 对新工作持积极态度；	14	12	10	8	6
	C. 忠于职守、坚守岗位；	14	12	10	8	6
	D. 以协作精神工作，协助上级，配合同事	14	12	10	8	6
受命准备	A. 正确理解工作内容，制订合理的工作计划；	14	12	10	8	6
	B. 不需要上级详细的指示和指导；	14	12	10	8	6
	C. 及时与同事及协作者取得联系，使工作顺利进行；	14	12	10	8	6
	D. 迅速、适当地处理工作中的失败及临时追加的任务	14	12	10	8	6
业务活动	A. 以主人公精神与同事同心协力努力工作；	14	12	10	8	6
	B. 正确认识工作目的，正确处理业务；	14	12	10	8	6
	C. 积极努力改善工作方法；	14	12	10	8	6
	D. 不打乱工作秩序，不妨碍他人工作	14	12	10	8	6
工作效率	A. 工作速度快，不误工期；	14	12	10	8	6
	B. 业务处置得当，经常保持良好成绩；	14	12	10	8	6
	C. 工作方法合理，时间和经费的使用十分有效；	14	12	10	8	6
	D. 工作中没有半途而废或造成不良影响	14	12	10	8	6
成果	A. 工作成果达到预期目的或计划要求；	14	12	10	8	6
	B. 及时整理工作成果，为以后的工作创造条件；	14	12	10	8	6
	C. 工作总结和汇报准确真实；	14	12	10	8	6
	D. 工作中熟练程度和技能提高较快	14	12	10	8	6

1. 通过以上各项的评分，该员工的综合得分是：_____ 分
2. 你认为该员工应处的等级是：(选择其一) □A □B □C □D
　　A：240分以上　　B：240～200分　　C：200～160分　　D：160分以下
3. 考核者意见 _____

　　考核者签字：_____　　　日期：_____年_____月_____日

10.1.8 中层年度工作考核表

　　　　　　　　　_____ 公司部门中层领导
　　　　　　　　　　　年度工作考核表
　　　　　　　　　　　　　（年度）

　　　　　　　　　　　姓　名 _____
　　　　　　　　　　　职　务 _____
　　　　　　　　　　　何时任现职 _____

一、述职报告摘要（由本人填写）			
签名 _____　　　____年____月____日			
二、民主评议情况			
参加评议人数	任职情况综合分析		
^	优秀	称职	基本称职	不称职
本部门员工				
其他人员				
总结				
三、考核领导小组意见			
组长签字 _____　　　____年____月____日			
四、被考核者意见			
签字 _____　　　____年____月____日			
五、董事会意见			
董事长签字 _____　　　____年____月____日			

10.1.9 选拔干部候选人评分表

姓名：＿＿＿＿＿＿＿＿ 部门：＿＿＿＿＿＿＿＿

＿＿＿＿年＿＿＿＿月＿＿＿＿日

服务单位 ＿＿＿＿＿				到职日期：＿＿年＿＿月＿＿日到＿＿年＿＿月＿＿日				
出生年月		籍贯		性别			学历	
职务								
本职位经验	10年以上	5年以上	3年以上	1年以上	贯彻力	贯彻	大部分	部分	小部分
	10	7	4	2		10	8	6	2
领导能力	有	稍有	需加训练	无	对章程熟悉程度	熟悉	尚熟悉	部分	不太熟悉
	10	6	2	0		10	8	6	2
沟通能力	10年以上	5年以上	5年以上	无能力	工作态度	忠贞	热诚	合作	保守
	10	7	4	0		10	8	6	2
发展潜力	智慧	知识	判断力	主见	计分	评语：			
	10	10	10	10					
以上由评审小组评分									
学历	大学	专科	高中	初中	资历	10年以上	5年以上	3年以上	1年以上
	10	8	6	4		10	7	4	2
出勤情形	准时到班	偶有迟到	常请假	不守规则	参加公司会议	参加	部分	偶尔	不参加
	10	6	2	0		10	7	4	0
奖励分	大功	小功	嘉奖	表扬	惩罚分	大过	小过	训诫	警告
	9	3	1	0.5		9	3	1	0
以上由人力资源部评分　　　　计分：									
批示					人力资源部：				

10.1.10 公司行为考核表

考核月份：____ 年 ____ 月 部门：_____ 考核人签名：_____

序号	被考核员工	考核分数	备注
1			
2			
3			
4			
5			
6			
7			
8			
9			
10			
11			
12			
13			
14			
15			

（该表在每月的第 1 个工作日，由考核人交财务部）

10.1.11 部门工作综合测量表

部门 _____ 页次 _____

			现　　状			工作量	需具备能力或所受训练
类别	工作项目	工作细目	满意	待加强	未做		

10.1.12　工作内容调查日报表

分类	分类号码	事物处理内容	1	2	3	4	5	6	7	8	9	10	完成情况	备注
每日事务														
定期事务														
临时事务														

10.1.13 职位分析面谈表

职位名称 _____	主管部门 _____
所属部门 _____	工作地点 _____
间接主管 _____	监督者 _____
直接主管 _____	

一、职位设置的目的

本职位设置的目的是什么

_____

二、职责

　　按顺序举例说明本职位的工作责任及其重要性

（本职位工作可以分为每日必做的、一定时间内的工作与偶尔要做的）

1. 每日必做的　　　　　　　　完成该任务花费的时间百分比

（1）_____　　_____

（2）_____　　_____

（3）_____　　_____

2. 一定时间内的工作（季、月、周）　完成该任务花费的时间百分比

（1）_____　　_____

（2）_____　　_____

（3）_____　　_____

3. 偶尔要做的工作　　　　　　完成该任务花费的时间百分比

（1）_____　　_____

（2）_____　　_____

（3）_____　　_____

三、教育要求

　　对于本职位的工作来说，哪些教育或知识是必需的？这些教育与知识可以从学校获得，也可以通过自学、在职培训或工作实践获得。请确定下列教育或知识哪些是必要的，并在每条开头的横线上打勾。

_____ 任职者能够读写并理解基本的口头或书面指令；

_____ 任职者能够理解并执行工作程序，以及理解上下级的隶属关系，能够进行简单的数学运算和办公室设备的操作；

_____ 任职者能够理解并完成交给的任务，具备每分钟打50个汉字的能力；

_____ 具备相近专业领域的一般知识；

_____ 具备商业管理与财务方面的高级知识与技能；

_____ 其他方面要求

续表

四、经验

本职位要求任职者具备哪些经验？请确定下列哪些经验是必需的。

_____ 只需要 1 个月的相关实习期或在职培训期；

_____ 只需要 1～3 个月的相关实习期或在职培训期；

_____ 只需要 4～6 个月的相关实习期或在职培训期；

_____ 只需要 7～12 个月的相关实习期或在职培训期；

_____ 只需要 1～3 年的相关实习期或在职培训期；

_____ 只需要 3～5 年的相关实习期或在职培训期；

_____ 只需要 5～8 年的相关实习期或在职培训期；

_____ 需要 8 年以上的相关实习期或在职培训期；

_____ 其他方面的经验要求

五、担负的管理职责

任职者的管理责任有哪些？以及完成下列每项工作所花费时间的百分比是多少？

1. 工作指导 _____ _____

2. 布置工作 _____ _____

3. 检查工作 _____ _____

4. 制订计划 _____ _____

5. 目标管理 _____ _____

6. 协调活动 _____ _____

7. 解决下属遇到的问题 _____ _____

8. 评价下属 _____ _____

任职者直接管理的员工人数 _____

六、工作关系

七、本职位所受到的监督与管理

本职位需要接受哪些监督和管理？接受的程度如何？通过下列情况加以确定并在每条开头的□中打勾。

□直接。任职者的工作简单重复进行，工作处于明确、具体的指导下，基本上每天都接受指导；

□严密性。任职者要求按程序工作，从上级部门接受任务安排；

□一般性。任职者要有计划地安排自己的工作，但需要不定期地与上级商讨例外的、复杂的问题；

□有限性。任职者在指导下，计划自己一定时期（每月）内的工作；

续表

□宏观指导。任职者可以独立地计划与实施自己的主要工作，只需要在目标方向上与主管者要求一致；

□自主性。任职者可以自主确定工作目标、绩效标准，上报并征得上级同意。

八、决策责任

任职者独立决策的权限与范围有多大？他做出的决定是否要由他人审核？如果要，那么由谁审核？

_____

九、错误分析

1. 最容易犯的错误有哪些？举例说明，并指出它们是操作上的，还是观念上的，或两者皆有。

_____

2. 这些错误多长时间才能被发现，谁能发现，常在哪些工作环节上被发现？

_____

3. 这些错误存在哪些障碍？在纠正错误过程中可能出现什么枝节问题？

_____

十、数据保密

任职者是否要对一些数据加以保密？保密的程度如何？保密对公司的效益有无影响？请对下列情况以确定，并在每条开头的 □ 中打勾。

□ 不保密。工作中没有任何数据需要保密；

□ 有一点保密。偶尔有些数据需要保密；

□ 一般保密。一般情况下，需要保密，泄密将对公司起副作用；

□ 绝大部分工作需要保密。泄密将对公司有重大影响；

□ 完全保密。稍有泄露，便会有损公司的名声和地位。

十一、工作条件

描述工作顺利进行时必需的生理条件、物理条件，如任职者工作期间站、走、负荷的时间各是多少等？

_____

十二、心理要求

为了使工作顺利进行，对任职者在心理方面有哪些要求？

_____

十三、列出工作中所使用的机械和设备

	一直使用	经常使用	偶尔使用
	_____	_____	_____
	_____	_____	_____

十四、附加说明

本职位还有哪些方面需要补充说明，请列出。

10.1.14 面谈构成表

姓名：_____   申请职位：_____

面谈项目	面谈内容
工作兴趣	你认为这一职位涉及哪些方面的工作？请谈谈对将要从事的这份工作的认识。
	你为什么想做这份工作？你为什么认为你能胜任这方面的工作？
	你怎么知道我们公司的？
	假如 A 公司与 B 公司（都不是本公司，但系同行知名企业）同时录用你，你将如何选择？
	如果有计划重新选择，你会选择不一样的工作领域吗？
	如果你接到客户的抱怨电话，但又不关你的事，你如何处理？
	你觉得自己还有哪些工作以外的特长？
目前的工作状况	请谈谈你现在的工作情况（包括待遇、工作性质、工作满意度）。
	你目前或最后一个工作的职务（名称）是什么？你的工作任务有哪些？
	请叙述你一天的工作情形？（通常怎样安排工作事务和时间？）
	你在这家公司里做出了哪些你认为值得骄傲的成就？
	你目前所在的公司管理严格吗？能否举例说明？
	在工作中看到别人违反公司规定，你怎么办？
	请评价一下你目前的工作状况。
	你为什么要辞去那份工作？
	你觉得你的主管（同事）会给你什么样的评价？
	你目前的公司知道您有意更换工作吗？
	如果可能，你什么时候可以到我们公司上班？
工作经历	在该公司工作期间你一直是从事同一种工作吗？（是或不是）
	如果不是，请说明你曾从事过哪些不同的工作、时间分别多久及各自的主要任务。
	请谈谈你工作以来的职务升迁和工资变化情况。
	你最初的薪水是多少？现在的薪水是多少？
	请谈谈工作以来，你觉得对自己的表现很满意的一次经历。
	到目前为止，你最大的成就是什么？介绍一下你在工作中最有心得的经验？
	请谈谈在您的工作经历中，您曾遇到的两次最大危机？您是如何处理的？
	如何规划自己最近 3 年的职业生涯规划？
	你从成功中还是从失败中学到的东西更多？

续表

面谈项目	面谈内容
教育背景	你认为你所受的哪些教育或培训将帮助你胜任你申请的工作？
	三个月来读过哪些书？一年以来参加过哪些培训？
业余活动	工作以外你做些什么？一般如何安排自己的业余时间？
	可否描述一下自己的工资支出情况？
价值观念	你愿意出差吗？最大限度的出差时间可以保证多少？
	你能加班吗？周末可以上班吗？
	你能承受得了密集的加班和出差吗？
	你认为当今社会中，对个人最重要的是什么？
	你最担忧的事情是什么？
	你如何理解"顾客永远是对的"这句话？真是这样吗？
	诚实总是上策吗？
	在什么情况下，你倾向于说谎？你这句话是谎话吗（含有多少说谎的成分）？
自我评估	你认为自己最大的优点是什么？可否举例说明？这些优点是如何得来的？
	你认为自己最大的缺点是什么？可否举例说明因此对您的工作带来的最大一次损害或妨碍？
	你认为自己的缺点可以通过哪种方式改正？你采取了这些措施吗？为什么效果不佳？
	请谈谈你从事该工作的优势？
	在包食宿的情况下，你要求的最低工资待遇是多少？
同事关系	你希望在什么样的领导下工作？
	如果明知"这样做不对"，你还是会依上司的指示去做吗？
	领导交给你一项任务，并交代如何办理，但如果按照领导的意见做，肯定会造成重大损失，这时，你该怎么办？假如你正在兴致勃勃地和同事谈论领导的缺点，领导出现了，你该怎么办？领导的能力比你低，你怎么做？如果比你强很多，你又该怎么做？
	领导交代你将某文件还给甲。第二天领导一上来就责骂你应该将文件送至乙，为什么送给甲，你又会如何处理？
	如果你的上司大声指责你，你如何处理？
	你认为和哪种工作伙伴在一起最不愉快？
	请谈谈最近一次因为工作和上司（同事）的不愉快。

续表

面谈项目	面谈内容
同事关系	在领导和被领导之间,您喜欢哪种关系?
	当你的合理要求被公司拒绝时,你会如何处理?
	如何表达自己对公司或上司的不满?
	工作表现不尽理想时,你希望以什么样的方式来激励你?
其他	你认为你上一个工作的主要工作成绩是什么?
	你对你上一个工作满意的地方在哪里,还有哪些不满?
	你与你的上、下级及同事的关系怎么样?
	你认为你有哪些有利的条件来胜任将来的职位?
	你对我们公司的印象怎样?包括规模、特点、竞争地位等。
	你对申请的职位的最大兴趣是什么?
	对你的工作有激励作用的因素有哪些?
	你更喜欢独自工作还是协作工作?
	您认为成功和失败有什么区别?美和丑、贫和富有什么区别?你如何定义成功?
	关于您的情况,我们可以通过谁核证?

经过上述面试,请对你的面试结果做一个初步的评价?为什么?

10.1.15 员工自我鉴定表

姓 名		部门		职 位	
入司日期		学历		出生日期	
现任主要工作					
项 目					
目前工作	你认为目前担任的工作对你是否合适?工作量是否恰当?				
	在你执行工作时,你曾遇到什么困难?				
工作希望	你认为你比较适合哪些方面的工作?				
	你不适合哪些方面的工作?				
	其中最适合你的工作是什么?				
	你对你现在的工作有什么希望?				

续表

薪资及职位	你认为你的工作报酬是否合理？ 职位是否合理？ 职称是否合理？ 理由何在？你的希望？
教育训练	这些年你是否参加过公司内部或外部举办的训练？ 曾参加什么训练？ 你希望接受什么项目的训练？你对本企业训练的意见如何？
工作分配	所在部门的工作分配是否合理？ 什么地方需要改进？
工作目标	你的工作目标是什么？ 这个目标你已做到了什么程度？
贡献	认为本年度对公司有较大贡献的工作是什么？ 你做到了什么程度？
工作构想	在你担任的工作中，你有什么更好的构想？并具体说明。

10.1.16 综合能力考核表

1. 被考核人员业绩评定分级	
5分——非常优秀 4分——很好 3分——合格，称职 2分——需要改进 1分——不称职	
对上述五个级别评审均需做出评语，对3分以下的评审要提出改进建议.	
2. 专业知识	评定
2.1 熟悉工作要求、技能和程序	
2.2 熟悉本行业及产品	
2.3 熟悉并了解对其工作领域产生影响的政策、实际情况及发展方向	
2.4 工作中使用工具的熟练情况及专业知识掌握情况（例如：器材、电脑软件等）	
2.5 了解下属工作及职责	

续表

3. 主动性和创造性	评定
3.1 为达到工作目标而积极地做出有影响力的尝试	
3.2 主动开展工作而非一味被动服从	
3.3 从有限的资源中创造出尽可能多的成果	
3.4 主动开展工作,力求超越预期目标	
3.5 将有创造性的思想加以完善	
3.6 勇于向传统模式提出挑战并进行有创造性的尝试	
3.7 是否善于发现资源、进行完善及富于创造性	
4. 对客户的关注程度	评定
4.1 对内部及外部客户能够坚持关注其期望值及需求	
4.2 掌握客户的第一手资料并用于改进自身的产品及服务	
4.3 对客户的需求进行积极响应并提出改进办法	
4.4 以客户为中心进行交谈并付诸行动	
4.5 赢得客户的信任和尊重	
5. 培养及领导下属的能力	评定
5.1 能够建立并保持一个高效的工作集体	
5.2 能够与员工沟通并鼓励下属分享信息资源	
5.3 能够全面、实时并及时地完成工作评估	
5.4 能够经常提供建设性的反馈及指导意见	
5.5 能够协助下属确定未来具有挑战性的目标	
5.6 能够与下属建立双向沟通	
6. 判断力及时效性	评定
6.1 判断准确并能够同时考虑到其他选择的后果	
6.2 能够根据工作时间表做出判断	
6.3 尽管付诸行动时存在不确定性,但能够应对风险,并完成工作	
6.4 能够针对问题提出解决意见	
6.5 能够判断潜在的问题及形式	

续表

7. 沟通能力	评定
7.1 能够倾听并表达自己对有关信息的认知	
7.2 能够征求意见并做出积极的回应	
7.3 能够以书面和口头形式扼要地阐明观点	
7.4 能够撰写高水平的书面材料并进行演示	
7.5 能够确保其书面材料在专业上的可靠性	
7.6 能够在有关交谈中引述相关资讯	
8. 工作责任心	评定
8.1 出席会议发问及遵守时间情况	
8.2 可信度和可依赖度	
8.3 接受工作任务情况及本人对完成工作的投入程度	
8.4 乐于与他人共事并提供协助	
8.5 能够节约并有效控制开支	
8.6 能够对他人起榜样的作用	
9. 计划性	评定
9.1 能够有效制定自我工作计划并确定资源	
9.2 能够准确划定工作范围，并在规定时间内完成	
9.3 能够预测问题并制定预案	
10. 工作质量	评定
10.1 对工作中的细节及准确度给予应有的重视	
10.2 能够按时高质量地完成工作	
10.3 准确完成工作并体现出应有的专业水平	
11. 团队精神	评定
11.1 能够与本组人员一起有效地工作并共同完成本组的工作目标	
11.2 能够与上级、下属分享资讯，乐于协助同事解决工作中的问题	
11.3 能够以行动表达对他人需求的理解，以及做出激励性举措	
11.4 能够与他人共享成功的喜悦	
对被评估人综合能力的概述：	

评估人签名：_____

10.1.17 员工专项考核表

部门：＿＿＿＿＿＿＿＿＿＿　任职人：＿＿＿＿＿＿＿＿＿＿　＿＿＿年＿＿月＿＿日

岗位职责	负责程度 全责 \ 部分责任	衡量标准 数量、质量	考核分数
员工业务 工作总结			
部门考 核结果			部门主管签字
备注			

10.1.18 重要任务考评表

（考评人：直接上级）

考评说明：
1. 考评要综合考虑各因素，不能仅根据单一因素而给出考评结果。
2. 考虑整个考评时期的业绩，避免集中在近期的事件或孤立的事件；
3. 对所有被考评人的同一项目进行集中考评，请勿以人为单位进行考评。

（最高分为 90 分，普通分为 45 分，最低分为 0 分）
（注：如果考核的重要任务多于 1 个，则先分别考核，然后根据任务的重要程度加权平均）

（1）非常大（50）
　　A. 提前完成（最高分）　　　　B. 按时完成（100%）
　　C. 完成 80%～100%（90%）　　D. 完成 60%～80%（75%）
　　E. 完成 40%～60%（50%）　　　F. 完成 20%～40%（35%）
　　G. 完成 5%～20%（20%）　　　H. 完成 5% 以下（0%）

（2）较大（40）
　　A. 提前完成（50 分）　　　　B. 按时完成（100%）
　　C. 完成 80%～100%（90%）　　D. 完成 60%～80%（75%）
　　E. 完成 40%～60%（50%）　　　F. 完成 20%～40%（35%）
　　G. 完成 5%～20%（20%）　　　H. 完成 5% 以下（0%）

（3）一般（30）
　　A. 提前完成（40 分）　　　　B. 按时完成（100%）
　　C. 完成 80%～100%（90%）　　D. 完成 60%～80%（75%）
　　E. 完成 40%～60%（50%）　　　F. 完成 20%～40%（35%）
　　G. 完成 5%～20%（20%）　　　H. 完成 5% 以下（0%）

（4）较小（20）
　　A. 提前完成（30 分）　　　　B. 按时完成（100%）
　　C. 完成 80%～100%（90%）　　D. 完成 60%～80%（75%）
　　E. 完成 40%～60%（50%）　　　F. 完成 20%～40%（35%）
　　G. 完成 5%～20%（20%）　　　H. 完成 5% 以下（0%）

（5）非常小（10）
　　A. 提前完成（20 分）　　　　B. 按时完成（100%）
　　C. 完成 80%～100%（90%）　　D. 完成 60%～80%（75%）
　　E. 完成 40%～60%（50%）　　　F. 完成 20%～40%（35%）
　　G. 完成 5%～20%（20%）　　　H. 完成 5% 以下（0%）

10.1.19 生产管理指标

序号	指标	指标定义	功能	考核依据
1	产值	一定周期内完成的入库品总额	检测一定周期内的劳动生产总额	
2	生产计划完成率	实际生产完成量/计划完成总量	检测生产部门生产计划完成情况	
3	按时交货率	按时交货额/计划总交货额	检测生产部门生产进度执行情况	
4	全员劳动生产率	总产值/员工总人数	检测员工平均生产值,确定全员劳动生产率	
5	设备折旧率	设备折旧费用/设备总资产	检测资产消耗占设备资产比率,以测定设备利用情况	
6	设备故障率	设备故障检修费用/产总值	检测设备资产的消耗在总产值中的比率	
7	工具消耗率	工具消耗额/总产值	检测工具消耗与产值的比率关系,越小越好	
8	生产安全事故发生数	一定周期内发生的安全生产事故数	检测生产部门生产安全管理的效果	
9	生产安全事故损失率	生产安全事故损失额/总产值	检测生产安全事故造成的生产损失情况	
10	生产安全事故处理的及时性	生产安全事故是否得到了及时有效的处理	检测生产安全部门的工作情况	
11	生产现场的整洁、有序性	生产作业现场是否摆放整齐,存放有秩序	检测生产作业车间的现场管理情况	

10.1.20 财务会计指标

序号	指标	指标定义	功能	考核依据
1	万元工资销售收入比率	财政年度内的全部销售收入与当期全部工资成本的万元数的比值。	检测万元工资的投入产出效率,鼓励提高员工整体素质和能力	
2	产品毛利率	产品毛利/产品销售总收入	检测分(子)公司当前经营模式的效率	
3	利润总额	一定周期内完成的利润总额	检测分(子)公司的经营效果	
4	利润总额增加率	(本期利润总额－上期利润总额)/上期利润总额	检测分公司不断优化经营模式,提高管理水平,追求利润最大化	
5	集团利润贡献率	某分(子)公司利润总额/集团公司利润总额	检测分(子)公司在全公司利润中的贡献度	
6	资金沉淀率	一定时期内用于固定投资和弥补亏损的流动资金占全部流动资金的比率	检测流动资金的使用和周转效率	
7	资金周转率	一定周期内流动资金的周转率	检测公司资金周转情况	
8	投资收益率	税后利润/实收资本	检测分(子)公司的投资收益情况	
9	资产负债率	负债总额/资产总额	检测分(子)公司的资产负债情况	

10.2 薪酬体系设计类

10.2.1 职位体系表

管理类		非管理类				
级别	管理类	级别	财务类	技术类	业务类	其他
董事长级	董事长	高级 一级	审计经理	设计部经理	业务部经理	××经理、产品经理、培训经理
董事长级	副董事长	高级 二级	审计部、副经理	设计部副经理	业务部副经理	××副经理、产品副经理、培训副经理
总经理级	总经理	中级 一级	高级审计、高级会计	高级工程师、高级设计师	业务主任	××主任、总经理秘书、部门经理助理
总经理级	副总经理	中级 二级	审计、会计	工程师、设计师、助理	业务副主任	××专员计划/采购专员、培训/考核专员
总监级	总监					
总监级	副总监、总经理助理					
经理级	部门经理、董事会秘书、副总/总监助理	初级 一级	助理会计、助理设计、高级出纳	工程师助理设计师	高级外销员、高级业务代表	高级××员、高级订单员、高级品管员计划员/采购员、部门经理助理
经理级	部门副经理、科长/经理、项目经理、分公司经理	初级 一级	助理会计、助理设计、高级出纳	工程师助理设计师	高级外销员、高级业务代表	高级××员、高级订单员、高级品管员计划员/采购员、部门经理助理
主管级	组主管、分公司经理、办事处主任	二级	出纳	技术员、设计员、高级维修员	外销员、业务代表	司机/订单员/品管员
主管级	仓库主管、门店店长	三级		维修员		清洁工、理货员、门店营业员

10.2.2 职位薪酬体系表

序号	职别	岗位	底薪	岗位工资	技能工资	绩效工资	月工资	每天工资	半天工资	年薪	备注
1	管理类	总经理									
		副总经理									
		总经理助理									
		一级文员									
		二级文员									
2	技术类	设计部经理									
		设计部副经理									
		高级工程师/设计师									
		工程师/设计师									
		一级技术员									
		二级技术员									
3	财务类	审计部经理									
		审计部副经理									
		高级审计/高级会计									
		审计/会计									
		助理会计/助理设计									
		出纳									
4	业务类	业务部经理									
		业务部副经理									
		业务部主任									
		业务部副主任									
		高级外销员/高级业务代表									
		外销员/业务代表									
5	其他	××经理/产品经理/培训经理									
		××副经理/产品副经理/培训副经理									
		××主任/总经理秘书/部门经理助理									
		××专员 计划/采购专员 培训/考核专员									

10.2.3 职位福利体系表

序号	职别	岗位	基本薪酬			福利		休假制度		长效激励机制	
			绩效工资	奖金	补贴津贴	法定福利	公司福利	国家通用假期	企业特色假期	股票期权	企业年金
1	管理类	总经理									
		副总经理									
		总经理助理									
		一级文员									
		二级文员									
2	技术类	设计部经理									
		设计部副经理									
		高级工程师/设计师									
		工程师/设计师/助理									
		一级技术员									
		二级技术员									
3	财务类	审计部经理									
		审计部副经理									
		高级审计/高级会计									
		审计/会计									
		助理会计/助理设计									
		出纳									
4	业务类	业务部经理									
		业务部副经理									
		业务部主任									
		业务部副主任									
		销售员/业务代表									
		外销员/业务代表									

续表

序号	职别	岗位	基本薪酬	福利	休假制度	长效激励机制
5	其他	××经理/产品经理/培训经理				
		××副经理/产品副经理/培训副经理				
		××主任/总经理秘书/部门经理助理				
		××专员 计划/采购专员 培训/考核专员				

10.2.4 薪酬、福利调查表

姓　名	职　务	上次加薪的时间	当前的薪水
填表人			
签　名			
部门			
日期			
拟定的薪水	加薪的数额	拟定加薪的时间	评审意见
审核人			
签　名			

10.2.5 工资、福利市场调查方案设计

步骤	要点	方案设计	备注
启动会议	薪资报告的格式		
	薪资报告的标准		
	职位的设定		可单独设计一个表格
问卷设计	总体薪资（包括工资薪资和福利、各种各样的奖金津贴）		（1）单独设计 （2）中介收集，不分享个别信息，公布统计结果和本企业的相对位置
	工资调整幅度（每家公司年度调整的幅度略有不同）		
	福利项目的标准和内容		
	公司的概貌（包括公司的规模、销售业绩、员工的规模、人员流动率，以及何时成立、在什么地方办公）		
职位评定校准	标准的定义包括职责范围、资历、人数、工作经验要求、学历要求		与"标准职位的设定"栏目结合单独设计一个表格
数据填报			
数据汇总统计			
报告介绍会议			
报告分析应用			

使用说明：① 按照以上步骤，设计一个工资福利市场调查方案。
② 因行业的多样性所以工资、福利也具有复杂性，因此表格可单独设计，不必使用统一格式。

10.2.6 企业员工工资信息表

职位	级别	人数总计	工资额/元			
			固定工资	浮动工资	奖金	总计
职位一	级别一					
	级别二					
	级别三					
	……					
职位二	级别一					
	级别二					
	级别三					
	……					
职位三	级别一					
	级别二					
	级别三					
	……					
使用说明	（1）本表主要目的是为薪资福利的年度预算做准备，要清楚反映员工及工资资料，包括人数、职位、级别与结构、工资结构与工资总额等因素。 （2）如果你的企业情况不同，可以根据实际对本表加以修改。					

10.2.7 员工工资职级核定表

_____年_____月_____日

姓名		职务					职级		
出生年月	年 月 日			入司日期			工龄		
评定标准	说明	1	2	3	4	5	权数	点数	
	学历	初中	高中	本科	硕士	博士			
	服务年资	1年	2年	3年	5年以上	10年以上			
	相关经营	1年	2年	3年	5年以上	10年以上			
	其他经营	1年	2年	3年	5年以上	10年以上			
	成绩	--	丙	乙	甲	优			
原职级		原评定点数			基本点数		合计		
本年点数		核定本薪			职务加给		全计		

总经理　　　　　　　主管　　　　　　　经办

10.2.8 工作奖金核定表

_____年_____月

本月营业额			本月净利润			利润率		
可得奖金			调整比率			应发奖金		
奖金核定	单位	姓名	职别			绩效	点数	核发奖金
			经理	主管	其他			

奖金核定标准	本月净利润/元	可得奖金/元	本月营业额/元	目标利润提高比率
	10万以上	0	4000万以下	0%
	10万~20万	200	400万~500万	10%
	20万~30万	400	500万~600万	20%
	30万~40万	600	600万~700万	30%
	40万~50万	800	700万~800万	40%
	50万以上	每增10万增加200元	800万以上	50%

总经理　　　　　　　核准　　　　　　　填表

10.2.9 工资结构方案表

级　别		岗位工资（60%）	考核工资（40%）	绩效工资	工资标准合计/元
总经理/总监	A			根据各部门经营指标的完成情况，将部门超额或未完成的部分按比例分配到部门，由部门根据员工日常工作表现进行二次分配	
	B				
	C				
	D				
部门经理级	A				
	B				
	C				
	D				
	E				
主管级	A				
	B				
	C				
	D				
	E				
领班级	A				
	B				
	C				
	D				
	E				
员工级	A				
	B				
	C				
	D				
	E				
临时工实习生清洁工	A				
	B				
	C				
备注	1	一线部门：营销部、餐饮部、房务部 二线部门：办公室、财务部、采购部、工程部			
	2	职务说明： ① 主管级包括各部门主管、经理助理、大堂副理、销售经理、餐厅经理、主办会计。 ② 领班级包括各部门领班、销售代表、美工摄影、成本控制会计、总出纳、收入审计、明细账会计、信贷会计、电脑维护员、兼职文员			

10.2.10 职级对照和薪资级距表

职员类别	薪资级距	事业发展处	技术暨专业管理处	财务暨人事行政处
一级职员		总监	总监	资深经理
二级职员		资深经理	资深经理	经理
三级职员		经理/产品经理/美术经理/音乐制作经理	经理/项目经理	主任
普通职员		资深营销/产品企划	资深工程师	会计/出纳/专员/助理/秘书
		产品企划/产品专员/美术设计/执行制作	系统工程师/软件工程师	
特殊人员	董事长、执行长、营运长、财务总监、特别助理、顾问、特聘人员等			

10.2.11 工资发放管理检查表

检查要点	检查细目		改进计划
准确、细致	考勤（出勤、请假、旷工）		
	计算标准		
	薪酬项目（固定工资、绩效工资、奖金、个人所得税、福利项目等）		
时效性	考勤统计完成时间		
	工资计算完成时间		
	资料转送银行时间		
	转账时间		
保密性	工资接触人员		
	保密纪律（保密协议）		
	泄密渠道调查	接触者范围：	
		员工本人：	
书面化	保密信件的内容（要求准确、细致）		
	经手人：		

10.2.12 福利政策管理检查表

福利工作策略标准		企业的福利工作现状	改进计划
保障员工福利效果	确定员工所享受的福利项目一个不少		
	对福利政策进行调查、跟踪，确保政策实施效果		
提高福利政策效益	提高投入产出比		
	控制福利成本		
精简工作提高效益	规范化管理，政策合理		
	成立员工俱乐部，组织员工活动（双赢互利）		
	制度化、系统化、自动化管理福利和行政工作，减少主观感情因素影响		
	充分运用社会资源和专业人员辅助公司的工作		
使用说明：对照表中的福利工作策略标准，检查企业的福利工作现状，并制订改进计划			

10.2.13 薪资等级构成表

职级	岗位名称	薪资等级				说　明
		薪级	基本工资/元	岗位工资/元	绩效工资/元	合计/元
1	高管类	①	1250	600	750	2500	（1）集团 ● 总经理试用期套⑥～⑦级（6000～7000元）。 ● 副总、总监、总助试用期套③～⑤级（4000～5000元）。 （2）分支公司 ● 总经理试用期套③～④级（4000～4500元）。 ● 副总经理、总监试用期套①～②级（2500～3000元）。
	（1）集团：总经理、副总经理、总监、总经理助理 （2）分支公司：总经理、副总经理、总监	②	1500	700	900	3000	
		③	2000	800	1200	4000	
		④	2250	900	1350	4500	
		⑤	2500	1000	1500	5000	
		⑥	3000	1200	1800	6000	
		⑦	3500	1400	2100	7000	
		⑧	4000	1600	2400	8000	
		⑨	4500	1800	2700	9000	
		⑩	5000	2000	3000	10000	

续表

职级	岗位名称	薪资等级				说　明
		薪级	基本工资/元	岗位工资/元	绩效工资/元	合计/元	
2 中管类	(1)集团：部门经理、助理、秘书车队长 (2)分支公司：部门经理、会计 (3)驻外机构：推广师、省区经理、办事处主任、区域经理 (4)厂部：生产部经理、副经理	①	500	200	300	1000	(1)集团 ● 部门经理试用期套⑦~⑩级（1900~2500元）。 ● 秘书试用期套⑤~⑦级（1500~1900元）。 ● 助理试用期套①~④级（1000~1300元）。 ● 车队长试用期套③~⑤级（1200~1500元）。 (2)分支公司 ● 部门经理试用期套⑤~⑦级（1500~1900元）。 ● 会计试用期套④~⑥级（1300~1700元）。 (3)驻外机构 ● 推广师试用期套⑤~⑪级（1500~2700元）。 ● 部长试用期套⑦~⑪级（1900~2700元）。 ● 大省区经理试用期套③~⑤级（1200~1500元）。 ● 办事处主任试用期套③~⑤级（1200~1500元）。 ● 区域经理试用期套①~④级（1000~1300元）。 (4)厂部（不含浮动绩效工资300元及淡旺季补贴200~500元） ● 生产部经理、副经理试用期套⑤~⑦级（1500~1900元）。
		②	550	220	330	1100	
		③	600	240	360	1200	
		④	650	260	390	1300	
		⑤	750	300	450	1500	
		⑥	850	340	510	1700	
		⑦	950	380	570	1900	
		⑧	1050	420	630	2100	
		⑨	1150	460	690	2300	
		⑩	1250	500	750	2500	
		⑪	1350	540	810	2700	
		⑫	1500	600	900	3000	
		⑬	1650	660	990	3300	
		⑭	1800	720	1080	3600	
		⑮	2000	800	1200	4000	

续表

职级	岗位名称	薪资等级				说　明
		薪级	基本工资/元	岗位工资/元	绩效工资/元	合计/元	
3	职员	（1）集团：总经理专职司机、总台（2）分支公司：出纳、文员、平面设计、会计助理（3）驻外机构：业务主办（4）厂部：组长、车间主管、分车间主管、跟单员、质检、工艺员、仓管	①	400	160	240	800	（1）集团 ● 总经理专职司机、总台试用期套①～⑤级（800～1200元）。 （2）分支公司 ● 出纳、文员试用期套①～⑤级（800～1200元）。 ● 会计助理试用期套②～⑤级（900～1200元）。 ● 平面设计试用期套⑥～⑨级（1300～1700元）。 （3）驻外机构 ● 业务主办试用期套①～②级（800～900元）。 （4）厂部（不含浮动绩效工资300元及淡旺季补贴200～500元） ● 组长、车间主管、跟单员、质检、工艺员、仓管试用期套①～⑤级（800～1200元）。 ● 分车间主管、试用期套①～③级（800～1000元）。
			②	450	180	270	900	
			③	500	200	300	1000	
			④	550	220	330	1100	
			⑤	600	240	360	1200	
			⑥	650	260	390	1300	
			⑦	700	280	420	1400	
			⑧	750	300	450	1500	
			⑨	850	340	510	1700	
			⑩	1000	400	600	2000	
4	职工	（1）分支公司：保洁员（2）驻外机构：仓管、营销助理、储运司机（3）厂部：工人	①	300	120	180	600	（1）分支公司 ● 保洁员试用期套①～④级（600～750元）。 （2）驻外机构 ● 储运司机、仓管试用期套③～⑥级（700～850元）。 ● 营销助理试用期套①～⑤级（600～800元）。 （3）厂部（不含浮动绩效工资300元及淡旺季补贴200～500元） ● 工人试用期400～500元，计件另计算。
			②	325	130	195	650	
			③	350	140	210	700	
			④	375	150	225	750	
			⑤	400	160	240	800	
			⑥	425	170	255	850	
			⑦	450	180	270	900	
			⑧	500	200	300	1000	
			⑨	600	240	360	1200	
			⑩	750	300	450	1500	

10.2.14 工资核算表

_____年_____月

部门	姓名	职位	工资标准	基本工资	加班工资	岗位补贴	奖金	其他应发	扣除所得税	扣除保险	应发	实发	备注
总经办													
人事部													
市场部													
研发部													
……													

10.2.15 工资预算表

工资预算表								
				部门				
				日期				
				时间阶段				
科室	员工数目		工资费用		加班费用		总费用	
	预计	实际	预计	实际	预计	实际	预计	实际
总计								
计划人 签 名				批准人 签 名				

10.2.16 预支工资申请表

申请人		申请日期	
岗位		所属部门	
申请金额		偿还期限	
申诉原因			
连带保证人姓名		职务		有无借支行为或担保记录	
部门负责人意见	签字：　　日期：			
人力资源部意见	签字：　　日期：			
总公司审批	签字：　　日期：			
申请人借支记录				

10.2.17 工资实发表

单位或部门	年 月至 年 月				年 月至 年 月				年 月至 年 月			
	人数	工时数	每人月薪	每月工资	人数	工时数	每人月薪	每月工资	人数	工时数	每人月数	每月工资

10.2.18 工资统计表

单位	加工类别	本薪	生产奖金	全勤奖金	加班津贴	应发工资	扣缴部分				借支	实发工资
							福利金	伙食费	保险费	所得税		
合计												

董事长 _____ 总经理 _____ 会计 _____ 制表人 _____

10.2.19 薪资调整沟通工具表单

事前准备	（1）在新的工资发到员工手中前 （2）是一对一的私人谈话，事先约定，保密进行 （3）有准备、有针对性，联系业绩
谈话步骤	（1）肯定/业绩事实： （2）调资数目：_____% （3）员工反馈： （4）期望强化
注意事项	（1）辩论 （2）攀比 （3）打击
效果与问题	效果： 问题：
改进措施	
使用说明	按照以上表格内的要求，与你属下的员工进行薪资调整沟通

10.2.20 员工加薪、调薪表

姓名			入职时间	
岗位			所属部门	
现在薪酬情况				
调薪、加薪原因	□适用转正 □职位晋升 □调职 □年度调薪 □其他			
调薪、加薪具体情况	内容		调（加）薪前	调（加）薪后
	岗位			
	岗位等级			
	同行业薪酬水平			
	薪资级别			
部门负责人意见	签字：　日期：			
人力资源部意见	签字：　日期：			
总公司审批	签字：　日期：			

10.2.21 工资单补充表

工资单补充表		部门
		科室
姓名		职务
地址		工作开始时间
		工资单编号
出生日期		预付所得税号码
性别		国民保险号码
婚姻状况		去年工资总额
工资支付具体情况		
每周正常工作时间	工资等级	扣除款项
银行具体情况		
银行名称与代码	银行地址	银行账号名称与编号
其他具体情况		
审核人		签名
职　务		日期

10.2.22　新员工转正调薪表

姓名		入职时间	
岗位		所属部门	
经验		学历	
调薪、加薪原因	试用期结束，正式转正		
部门负责人意见			签字：　日期：
人力资源部意见			签字：　日期：
总公司审批			签字：　日期：
试用期待遇			
转正待遇			
申请人签字		日期	

10.2.23　员工年终奖发放标准

考核结果	优秀	良好	中等	及格	差
奖励标准	月薪 × 点率				
点率	2	1.5	1.2	1	0.5
备注	点率是根据绩效考核结果、行业薪资标准综合得出的，企业也可以根据自身的实际情况而定。				

10.2.24 员工奖金合计表

部门	职别	姓名	奖金计点	奖金额	利润奖金计点	利润奖金金额	奖金合计
合计							

10.2.25 加班工资支付标准

按照国家的相关规定，用人单位需要员工加班的必须支付加班费，且不同的时段，执行标准不同。

加班时间	支付标准（按小时标准计算）
工作日加班	加班后工资 = 正常小时工资 ×150%
休息日加班	加班后工资 = 正常小时工资 ×200%
法定假日加班	加班后工资 = 正常小时工资 ×300%

10.2.26 企业自主福利项目开发方案设计表

步骤	开发自主福利项目的条件	企业状况
步骤一 准备	（1）企业的经营状况较好； （2）同地区同行业，经营效益达到平均水平以上； （3）企业发展势头比较好，有长远的发展前景； （4）企业规模较大，需要有较强的凝聚力； （5）企业的经营状况不好，但本行业本地区人才竞争激烈，福利待遇的竞争已成为留住人才的手段	
	人力资源管理基础较好：薪资管理、人才激励、员工绩效管理基本到位	
	所有基础的社会统筹福利和福利制度政策已经建立实施	
	有开发实施的合适的人手和技术条件、资金条件	
	有比较好的业务契机：薪资福利预算刚启动、企业改制、新的管理层上任	
步骤二 方案设计	指导思想： （1）方案最能反映员工的需要； （2）方案已经被验证，并被企业普遍采用； （3）资金投入和福利效益与本企业经营效益水平相当	
使用说明	目的在于检查企业是否具备选择开发自主福利项目的条件	

10.2.27 福利预算表

福利基金来源	费用支出项目	上年结余	本年预算	年底结余	备注
55% 福利提成					
20% 养老基金	养老保险费、补充养老项目				
14% 集体福利费	员工活动费、交通费、集体福利项目				

续表

福利基金来源	费用支出项目	上年结余	本年预算	年底结余	备注
7.5% 医疗基金	大病统筹、医疗报销、体检				
10% 住房公积金					
1.5% 教育费用	员工教育自助计划				
2% 工会费					
工会活动项目明细					
税后收益					
使用说明	该表只是福利预算的一般模式，其中的栏目和项目可以根据企业实际情况增删，福利基金来源栏目中的百分比请根据实际修改				

10.2.28 利润中心奖金分配表

单位：_____ 营业所_____ ___年___月～___年___月

明 细		金 额	备 注
本季净利	年　　月份净利		
	年　　月份净利		
	年　　月份净利		
	年　　月份净利		
（1）弥补以前累计亏损			
（2）本季可分配的净利			
（3）减：呆账损失			
（4）本利润中心实际损益（4）×30%			
（5）本利润中心权益			（4）×30%
（6）本利润中心实发奖金数			（5）×目标达成率
（7）分配明细		实发金额	保留金额

续表

明　细	金　额	备　注
（8）利润中心保留基金（10/30）		
（9）总公司同仁分享（2/30）	（75%）	（25%）
（10）利润中心主管（2/30）	（75%）	（25%）
（11）利润中心同事（10/30）	（75%）	（25%）
（12）利润中心福利基金（2/30）		
（13）总公司福利委员会（4/30）		

总经理 _____　财务部 _____　营业所主管 _____　制表人 _____